Katajun Amirpur

# Gott ist mit den Furchtlosen

# HERDER spektrum

Band 5469

Das Buch

Zum ersten Mal in der Geschichte hat das Nobel-Komitee eine Muslimin mit dem angesehensten Preis der Welt ausgezeichnet: Schirin Ebadi, die mit islamischen Argumenten gegen die Unterdrückung der Frauen und für die Reform im iranischen Gottesstaat kämpft, die aus dem Amt als Richterin entlassen wurde und wegen angeblicher „Beschmutzung" der öffentlichen Meinung ins Gefängnis geworfen wurde, ist zu einer Symbolfigur für die Reform geworden. „Ich musste lernen, mit der Angst zu leben", sagt sie allen, die sie wegen ihres Mutes bewundern. Ihr couragiertes Leben und ihr Engagement für die Frauen, für Kinder, ihr Einsatz für Demokratie und Menschenrechte zeigen ein anderes Bild der islamischen Welt – jenseits der radikalen Islamisten, die sich seit einigen Jahren in unser Bewusstsein bomben. Sie gehört zu den Intellektuellen, die sich selbst als „religiöse Aufklärer" bezeichnen und den Islamisten ihre eigene, liberale Interpretation des Islams entgegensetzen. Ein Blick auf Schirin Ebadi und die Bewegung, für die sie steht, zeigt: Nur westliche Unkenntnis glaubt, der Islamismus sei überall in der islamischen Welt auf dem Vormarsch. Es werden heute sehr progressive Debatten zum Thema „Islam in der modernen Welt" geführt. Und erstaunlicherweise findet der interessanteste Diskurs im angeblich fundamentalistischen Gottesstaat statt. Schirin Ebadi gehört zu den wichtigsten Protagonisten dieses Diskurses. Das farbige Porträt einer großen Frau unserer Zeit. Ein spannendes Buch über Hintergründe einer dramatischen Entwicklung. Und ein faszinierender Report über den Kampf für Reformen und Menschenrechte, für ein offeneres Antlitz des Islams.

Die Autorin

Katajun Amirpur, geb. 1971, Dr. phil., Iranistin. Studium der Islamwissenschaft in Bonn und Teheran. Zahlreiche Reisen in den Iran. Publizistische Tätigkeit für überregionale Medien. Z. Zt. Emmy-Noether-Stipendiatin der Deutschen Forschungsgemeinschaft. Lebt in Köln.

Katajun Amirpur

# Gott ist mit den Furchtlosen

Schirin Ebadi –
Die Friedensnobelpreisträgerin und
der Kampf um die Zukunft Irans

HERDER
FREIBURG · BASEL · WIEN

Gedruckt auf umweltfreundlichem,
chlorfrei gebleichtem Papier

Originalausgabe

2. Auflage


www.herder.de
Satz: Barbara Herrmann, Freiburg
Druck und Bindung:: fgb · freiburger graphische betriebe 2004
www.fgb.de
Umschlaggestaltung und Konzeption:
R·M·E München / Roland Eschlbeck, Liana Tuchel
Umschlagfoto: © AFP
Autorenfoto: Privat
ISBN 3-451-05469-8

# Inhalt

# Schirin, wer?

„Schirin, wer?“ Das fragten sich nicht nur weltweit, sondern auch in Iran viele Menschen, als sie am 10. Oktober 2003 von der Verleihung des Friedensnobelpreises an die Menschenrechtlerin Schirin Ebadi hörten. In ihrer Heimat war sie bekannt, aber sicher keine Berühmtheit. Innerhalb weniger Stunden sollte sich das ändern, und einen Tag später war Schirin Ebadi bereits Tagesgespräch. In der Nacht, die auf die Bekanntgabe folgte, hatten die persischen Programme der *BBC* und der *Voice of America* umfangreiche Aufklärungsarbeit geleistet.

Vier Tage später herrscht auf dem Teheraner Flughafen Mehrabad eine Stimmung wie im Kölner Karneval. Tausende Menschen warten auf Schirin Ebadi, als diese in die Hauptstadt der Islamischen Republik zurückkehrt. Sie kommt aus Paris, wo sie sich zu einer Konferenz über Menschenrechte aufgehalten und wo sie die Nachricht von der Auszeichnung überrascht hatte. Sie sei schockiert gewesen, habe nicht einmal gewusst, dass sie nominiert worden war, beschreibt Ebadi ihre erste Reaktion.

Als die Boeing 747 in Teheran landet und Schirin Ebadi sich den Menschen zeigt, rufen diese ihr zu: „Freiheit ist süß, Unabhängigkeit ist süß, und Ebadi ist süß“ – eine Anspielung auf ihren Vornamen Schirin, der im Persischen „süß“ bedeutet. Arm in Arm singen die Wartenden alte Schlager, klatschen in die Hände, verteilen Luftballons und Blumen. Über und über ist die Ankunftshalle des Flughafens mit Konfetti bedeckt. Die kleine, etwas rundliche Ebadi wirkt überwältigt von dem herzlichen Empfang, der ihr bereitet wird. Die Menschen rufen: „Wir sind stolz auf dich, so stolz auf dich“. Und Ebadi erwidert: „Das ist nicht nur mein Preis, es ist unser aller Preis. Er bedeutet, dass der Wunsch der iranischen Nation nach Demokratie und Menschenrechten in der Welt gehört wird." Sehr schnell wird der Empfang zu einer politischen Kundgebung. Jugendliche halten Spruchbänder in die Luft und rufen: „Freiheit für alle politischen Gefangenen" und „Freiheit und Gerechtigkeit sind die Slogans unserer Nation". Das ist auch der erste Satz, den Ebadi sagt, als sie dem Flugzeug entsteigt: „Freiheit für alle politischen Gefangenen."

Im Flughafen jubeln ihr bis zu 25 000 Menschen zu – es sind mehr Menschen versammelt als bei den Studentendemonstrationen im Juni 2003. Vor allem Frauen sind gekommen, um die Menschenrechtlerin willkommen zu heißen. An diesem Tag tragen Sie das in der iranischen Öffentlichkeit vorgeschriebene Kopftuch in Weiß – als Zeichen der Freude und des Protestes gegen das von den Konservativen bevorzugte schwarze Tuch. „Und als Zeichen des Friedens und der Hoffnung", wie eine Studentin sagt. In den Händen hält sie eine weiße Nelke und das Foto von Ebadi. Tausende schwenken weiße Rosen. Einige Männer tragen Krawatten, obwohl dies in der Islamischen Republik als Zeichen von westlicher Dekadenz gilt und daher verpönt ist. Rund um den Flughafen herrscht an diesem Dienstagabend ein riesiges Verkehrschaos. Als es schließlich überhaupt kein Durchkommen mehr gab, lassen die Menschen ihre Autos einfach stehen, um den Weg zum Flughafen zu Fuß zurückzulegen. Mehr noch wären gekommen, hätte die Regierung die Ankunft Ebadis nicht verschwiegen. So haben nur die Menschen von der Ankunft ihrer Heldin Schirin erfahren, die über Satellitenfernsehen oder Internet verfügen.

Ebadi wehrt sich in den ersten Stellungnahmen gegen die Konzentration auf ihre Person und sagt immer wieder, dass sie den Preis für viele andere tapfere Frauen und Mitstreiter für Reformen erhalten hat. Sie gibt zu verstehen, dass ihr Engagement auf dem Hintergrund einer breiten Bewegung steht. Und doch ist sie an diesem Abend der Star. Plötzlich kennt die Welt ihren Namen.

Weltweit gibt es über 300 Friedenspreise. Keiner, auch nicht höher dotierte, hat die Aura der moralischen und politischen Auszeichnung, wie man sie mit dem Friedensnobelpreis verbindet. In der Öffentlichkeit wird er sicher neben dem Literaturnobelpreis am meisten beachtet. Weltweite Hoffnungen haben sich immer mit ihm verbunden. Je mehr die Welt zusammengewachsen ist, desto deutlicher wurde dies. Charismatische Persönlichkeiten wie Albert Schweitzer, Martin Luther King, Nelson Mandela, Andrej Sacharow, Mutter Teresa oder der Dalai Lama waren bereits internationale Berühmtheiten, als sie mit diesem Preis ausgezeichnet wurden. In dieser Reihe steht nun erstmals in der über hundertjährigen Geschichte des Nobelpreises nicht nur eine Muslimin, sondern auch eine – zumindest in Europa – bis dahin fast unbekannte Frau.

Wer ist diese Frau, die nun plötzlich im Rampenlicht der Weltmedien steht?

Ihr Leben ist schnell erzählt, ihre Biographie scheint nicht allzu spektakulär: Schirin Ebadi wurde 1947 in der iranischen Provinz, in Hamadan, geboren. Schon bald zog die Familie nach Teheran. Ebadi wuchs in einer religiösen Familie der Mittelschicht auf. Ihre Erziehung beschreibt sie als eher streng, aber nicht im negativen Sinne – wie sie gleich anfügt. Sehr behütet sei sie aufgewachsen. Ihre Eltern hätten sie sehr umsorgt.

Sie studierte Jura. Dieses Fach hat Tradition in ihrer Familie. Ihr Vater war Professor für Wirtschaftsrecht: „Außerdem lag mir die Gerechtigkeit schon immer am Herzen." 1975 heiratete sie Dschawad Tawasulian, einen fünf Jahre älteren Bauingenieur, mit dem sie zwei Kinder, zwei Töchter, hat. Kennen gelernt hatte sie ihren späteren Mann über einen gemeinsamen Freund.

Ihre berufliche Karriere begann mit einer Besonderheit: 1969 wurde Ebadi als erste iranische Frau zur Richterin berufen. Und ihre öffentliche Wirkung entfaltete sie zudem in zwei politischen Systemen, die gegensätzlicher nicht sein könnten: zunächst unter der Regierung des Schahs, dann unter den Bedingungen der Islamischen Revolution. Der berufliche Aufstieg fiel ihr leicht: In der Universität war sie Jahrgangsbeste gewesen, und auch nach Abschluss ihres Studiums erwarb sie sich einen Ruf als fleißige Arbeiterin. Im Jahre 1975 wurde sie schließlich zur Präsidentin der iranischen Richtervereinigung gewählt.

Nach der Revolution von 1978/79 musste Ebadi von diesem Posten und als Richterin zurücktreten. Ebadi hatte die Revolution – wie die meisten Intellektuellen – unterstützt. Jetzt verlor sie wegen dieser Revolution ihren Posten. Den herrschenden konservativen Klerikern galten Frauen als zu emotional und zu sensibel für das Richteramt. Man gab ihr einen Job in der Verwaltung, von dem sie sich im Jahre 1984 pensionieren ließ – weil er ihr zu langweilig geworden war: Ebadi beantragte eine Lizenz als Anwältin.

Schon während ihrer Arbeit in der Verwaltung widmete sich Schirin Ebadi der Forschung. Sie schrieb mehrere Bücher, das erste über die Rechte von Kindern. „Vorher hatte niemand in Iran eine Idee von Kinderrechten. Ich musste erklären, was Kinderrechte überhaupt sind.“ Dann schrieb sie ein weiteres Buch, in dem sie die Internationale Konvention über die Rechte von Kindern mit den Kinderrechten in Iran verglich. „Langsam interessierte ich mich mehr für Menschenrechtsfragen.“ Sie schrieb über die Rechte von Flüchtlingen und verfasste eine *Geschichte und Dokumentation der Menschenrechte in Iran.* Einige dieser Bücher wurden ins Englische übersetzt und zu Standardwerken über die Menschenrechtssituation in Iran.

Schon damals beschloss sie, die Geistlichen mit ihrer eigenen Waffe zu schlagen – mit dem Koran. Sie begann zu forschen, las den Koran und Werke der islamischen Jurisprudenz in der Absicht, nachzuweisen, dass viele Gesetze der neuen Ordnung Irans nicht mit dem Islam zu rechtfertigen sind: beispielsweise verbiete es der Islam Frauen keineswegs, Richterinnen zu werden. Es sollte bis zum Jahre 1999 dauern, bis die Herrschenden der Islamischen Republik Ebadi – zum Teil – Recht gaben. Seit drei Jahren ist es Frauen wieder erlaubt, als Untersuchungsrichterinnen zu wirken. Einen abschließenden Urteilsspruch dürfen sie jedoch nicht fällen, weil – gemäß einer konservativen Auslegung des islamischen Rechts – Frauen nicht über Männer richten dürfen.

Als Anwältin setzte sich Schirin Ebadi vor allem für Frauen ein – in einem Rechtssystem, das Frauen massiv benachteiligt. Ein Beispiel: Nach geltendem iranischem Recht werden Kinder nach der Scheidung automatisch dem Vater zugesprochen. Außerdem haben Frauen nur unter schwierigsten Bedingungen die Möglichkeit, sich scheiden zu lassen: wenn der Mann einverstanden ist oder ihr vorher in einem Ehevertrag das Recht zur Scheidung übertragen hat. In zahlreichen Prozessen hat die Juristin Ebadi gegen die Ungerechtigkeiten, die Frauen widerfahren, gekämpft. Ihre Mandantinnen und Mandanten sind ihr bis heute dankbar dafür: Auf einer der vielen Veranstaltungen, die nach der Rückkehr in den Iran für sie organisiert wurden, trat ein junger Mann mit Tränen in den Augen auf die Bühne. Ebadi habe ihm einst eine Geburtsurkunde erstritten, erzählte er. Als dem Kind einer ledigen Mutter hatte man sie ihm verweigert.

Aber auch auf anderen Ebenen engagiert sie sich nachhaltig: etwa indem sie den internationalen Frauentag in Iran ausrichtet oder in Kundgebungen gegen das iranische Familienrecht protestiert. Iranischen Frauen ist sie auf Demonstrationen als feurige Rednerin bekannt. Ihrer Kampagne war es schließlich zu verdanken, dass Männer sich nicht mehr von ihren Frauen scheiden lassen können, ohne ihnen eine Abfindung zu zahlen.

Im Jahre 1994 zog Ebadi weitere praktische Konsequenzen aus ihren theoretischen und rechtsvergleichenden Studien. Sie gründete die „Organisation zum Schutz von Kindern". Besonders in diesem Bereich hält sie das iranische Recht für reformbedürftig.

So wird beispielsweise ein Vater, der sein Kind ermordet hat, nach geltendem iranischem Recht nur bestraft, wenn die Ehefrau Anzeige erstattet. Dies passiert aus Angst vor Repressionen häufig nicht. Mädchen durften bis vor kurzem schon mit neun Jahren verheiratet werden. Ebadi hat das in einem ihrer zahlreichen Aufsätze als eine moderne Form der Sklaverei attackiert. Obwohl – nicht zuletzt dank der umfangreichen Lobbyarbeit Ebadis – das Heiratsalter inzwischen auf dreizehn Jahre heraufgesetzt worden ist, sind die Kinder in Iran ihren Vätern vollkommen hilflos ausgeliefert, sagt Ebadi. Weder ein Familiengericht noch die Mutter könnten eingreifen, wenn beispielsweise ein Vater schon bei der Geburt einer Tochter beschließt, dieses Mädchen in einigen Jahren mit dem Sohn seines Nachbarn zu verheiraten.

Außerdem versucht Ebadis Organisation, Straßenkindern zu helfen. Nach Angaben ihrer Organisation leben allein in Teheran zwischen 25 000 und 30 000 Kinder auf der Straße. Tagsüber müssen sie betteln gehen, um die Familie zu ernähren. Haben sie nicht genug eingenommen, trauen sich viele nicht nach Hause. Für sie hat die „Organisation zum Schutz von Kindern" Heime und Schulen gegründet.

Schirin Ebadi war immer eine tatkräftige Lobbyistin der Kinder, die zu den Schwächsten in der Gesellschaft gehören. Der Friedensnobelpreis hat jetzt auch unzählige solcher Kinder zu Gewinnern gemacht. Das Preisgeld, 1,3 Millionen Euro, will Ebadi nämlich für das Kinderhilfswerk nutzen. Inzwischen nennt man sie in Iran die „Königin der Frauen und Kinder".

Im Ausland wurde Schirin Ebadi bekannt als Berichterstatterin über die Lage von Frauen und der Menschenrechte. Sie war häufig zu internationalen Konferenzen eingeladen. Bereits im Jahre 1996 wurde sie von der Organisation „Human Rights Watch" mit einem Preis für ihr Engagement im Kampf um Frauenrechte ausgezeichnet, und auch den norwegischen Menschenrechtspreis, den Rafto Award, hat sie bereits erhalten. „Rechte werden einem nicht gegeben, man muss sie sich nehmen“, sagte sie einmal. Der fröhlich, aber bestimmt auftretenden Frau merkt man an, dass sie dabei einen langen Atem hat. Und vor allem Mut. „Wer in Iran für Menschenrechte kämpft, muss lernen, mit seiner Angst zu leben“, antwortet sie auf Nachfrage lakonisch: „Angst ist ein Zustand wie jeder andere auch, wie Hunger zum Beispiel. Er kommt und geht, und ich habe gelernt, damit umzugehen.“

Auch als Ebadi im Jahre 2000 unter dem Vorwand, sie habe die öffentliche Meinung beschmutzt, inhaftiert wurde, gab sie ihrer Angst nicht nach.

Grundsätzlich wirkt Schirin Ebadi nicht so, als hätte sie vor irgendetwas oder irgendwem Angst. In ihrem Büro, im untersten Stockwerk ihres Teheraner Wohnhauses, ist sie Ansprechpartnerin für alle, die sich mit Menschenrechten in Iran beschäftigen. Für den, der einen Anwalt braucht, ist diese Frau eine gute Wahl, das merkt man schnell. Sie ist resolut und durchsetzungsfähig. Wer sie beschreiben will, nennt Zähigkeit als eine ihrer wichtigsten Charaktereigenschaften. Wenn sie für etwas kämpft, dann kann ihr Gesicht auch hart und streng wirken.

Ebadi kämpft nicht nur im Gerichtssaal gegen konkrete und eklatante Rechtsverletzungen. Ihr geht es auch um die Zukunft. Daher kümmert sie sich, als Lehrende, auch um die nächste Generation: Sie unterrichtet an der Universität Teheran Rechtswissenschaft. Eine ihrer Töchter ist in ihre Fußstapfen getreten: die 20-jährige Nargess lebt in Teheran bei den Eltern und studiert Jura. Die Familientradition geht also weiter. Mit der Familie lebt außerdem die 79-jährige Mutter Ebadis zusammen. Ebadi sieht in ihr eine wichtige Quelle der Unterstützung. Ebadis zweite Tochter, die 22-jährige Negar, studiert in Kanada Ingenieurwissenschaft.

Im Gespräch legt Ebadi Wert darauf zu betonen, dass sie eine gute Hausfrau ist, vor allem das Kochen will sie sich nicht aus der Hand nehmen lassen: „Ich habe zwar nicht viel Zeit, aber ich stelle immer sicher, dass der Haushalt gut funktioniert und alles organisiert ist." Ihr Mann gehe ihr zur Hand, „wenn ich ihn darum bitte". Fragt man sie, wie sie Familie und Beruf vereinbare, erwidert sie: „Ich bin eben hart im Nehmen und ziemlich ausdauernd."

Das Nobel-Komitee begründet die Verleihung des Preises an Ebadi vor allem mit ihrem Einsatz für Frauenrechte und die Rechte von Kindern. In Iran ist Ebadi weit mehr bekannt geworden, weil sie in den letzten Jahren einige brisante Fälle übernommen hat, an denen sich niemand sonst die Finger verbrennen wollte. Sie übernahm etwa den Fall des kleinen Jungen Arian, der infolge des Missbrauches durch Vater und Stiefmutter gestorben war. Oder den von Laila Fathahi, die von drei Männern vergewaltigt und ermordet worden war. Und sie übernahm auch einige brisante politische Fälle. Unter ihnen der von Faradsch Sarkuhi, der im Jahre 1996 vom iranischen Geheimdienst verschleppt worden war und inzwischen in Deutschland im Exil lebt.

Schirin Ebadi ist keineswegs mit jenen Staranwälten hierzulande vergleichbar, die sich mit Aufsehen erregenden Prozessen schmücken, die öffentliche Aufmerksamkeit und damit Ansehen und Prestige bringen. Geld hat sie mit den wenigsten Fällen verdient. „Hätte ich Miete zahlen müssen für mein Büro, ich hätte dicht machen müssen." Sie übernahm diese Fälle trotzdem. „Einmal hatte ich gelesen, dass sich die Familie eines jungen Mannes, der von radikalislamistischen Schlägertrupps umgebracht worden war, keinen Anwalt leisten konnte, um die Täter hinter Gitter zu bringen. Damals dachte ich, in welcher Welt leben wir hier eigentlich? Als ich meine Dienste anbot, erfuhr ich: Andere hatten das Gleiche getan. Das hat mich hoffnungsfroh gestimmt für die Zukunft dieses Landes."

Ab dem Jahre 1997 bekam Schirin Ebadi dann richtig viel zu tun: Seit mit Mohammad Chatami im August 1997 nämlich ein Reformer das Amt des Präsidenten übernahm, hat sich die iranische Justiz als Speerspitze der Konservativen hervorgetan. Zahlreiche Journalisten und Intellektuelle hatten angefangen, in der offener werdenden Atmosphäre nach der Wahl in Gesellschaft und Politik ihre Forderungen nach Demokratie und Wandel auch öffentlich zu äußern. Sie wurden von den Justizbehörden mundtot gemacht, indem man ihnen einen Prozess anhängte. Ebadi hat eine ganze Reihe dieser kritischen Intellektuellen in spektakulären Verfahren vor Gericht verteidigt. Der Kampf gegen die iranische Justiz gleicht dabei einem Kampf gegen Windmühlen. Das hat Schirin Ebadi allerdings nie davon abgehalten, weiterzukämpfen. Im Herbst 2003 übernahm sie wieder einen brisanten Fall: Sie kündigte an, den Sohn von Zahra Kazemi vor Gericht zu vertreten. Dessen Mutter, eine iranisch-kanadische Fotojournalistin, war im Sommer 2003 in einem iranischen Gefängnis gestorben – wahrscheinlich infolge von Schlägen auf den Kopf bei einem Verhör durch die Untersuchungsbeamten.

Der Kampf geht weiter. Schirin Ebadi wird ihren Mut noch brauchen. Aber die überzeugte Muslimin weiß auch: Gott ist mit den Furchtlosen.

# Der Kampf für Reformen von innen

## Ein steiniger Weg

Um zu verstehen, welchen Weg Schirin Ebadi hinter sich – und möglicherweise noch vor sich – hat, muss man das komplexe System kennen, in dem sie sich bewegt und in dem sie etwas bewegen will. Sie kämpft als Juristin mit einer humanitären Vision in einem Staat, in dem der Islam rigoros ausgelegt wird. Oft genug hat sie zu spüren bekommen: Der Kampf für Menschenrechte im Iran ist ein steiniger Weg. Aber diese Frau hat sich nie unterkriegen lassen. Nicht als sie ihr Amt verlor, nicht, als sie gegen das iranische Rechtssystem ankämpfte und auch nicht, als diese Justiz ihr selbst den Prozess machte. Nie hat sie aufgehört, an die Möglichkeit der Reform von innen zu glauben. Von der Wiederherstellung des Schah-Regimes hat sie nie geträumt. Verständlich also, dass die Monarchisten unter der iranischen Exilopposition nicht erfreut waren über die Vergabe des Nobelpreises an Ebadi. Diese Kreise befürworten – im Gegensatz zu Ebadi – eine Intervention der USA – sei es militärisch oder indem die USA den ökonomischen Druck auf Iran weiter erhöhen. Dass Iran dann, wie Ebadi befürchtet, wieder zu einer Quasi-Kolonie werden könnte, kümmert die iranische Exilopposition in Amerika nicht. Doch Ebadi lässt sich lieber auf den langsamen, beschwerlichen Kampf innerhalb des iranischen Systems ein. Trotz all der Rückschläge, die der Reformprozess hat hinnehmen müssen, glaubt sie optimistisch: Dieser Weg bietet die besseren Chancen. „Der Kampf muss im Innern eines Landes und einer Gesellschaft geführt werden. Jede fremde Einmischung erschwert dieses Ringen nur. Kein Staat hat das Recht, einem anderen seinen Willen aufzuzwingen, und wäre es, um das Gute durchzusetzen. Meistens wird das Gegenteil dabei herauskommen.“ Ebadi ist davon überzeugt: Es kann sich nur etwas ändern, wenn viele den Wandel wollen. Sie meint, das genau sei in Iran der Fall. Längerfristig könnten die Konservativen daher den Demokratisierungsprozess nicht aufhalten.

## Die Besonderheiten des Systems

Das Volk fordert den Wandel. Und Mohammad Chatami hat sich unter dieser Perspektive im Jahr 1997 erstmals um das Amt des Präsidenten beworben. Dass die Reform auch nach dem überwältigenden Wahlsieg Chatamis so mühsam vorankommt, hängt mit den Besonderheiten des iranischen Systems zusammen. Die politische Macht liegt nicht in den Händen gewählter Institutionen, sondern bei Ayatollah Ali Chamenei, dem Nachfolger von Staatsgründer Ayatollah Chomeini, und seinen Gefolgsleuten. Zwar ist Iran seit dem Jahre 1979 offiziell eine Republik, der republikanische Anteil an diesem System ist jedoch gering. Nach der Revolution von 1978/79 wurde die so genannte „Herrschaft des Rechtsgelehrten“ als Staatsform ausgerufen, auf die noch einzugehen sein wird. Die Revolution hatte das vermeintlich stabilste Regime der islamischen Welt, das Kaiserreich Iran, beseitigt. Der Westen hatte in den sechziger und siebziger Jahren nicht wahrhaben wollen, was sich in Iran zusammenbraute. Das System des Schahs galt als stabil. Es strotzte vor Waffen und hatte sich einen modernen Anstrich gegeben. Das reichte dem Westen. Für die eigene Bevölkerung jedoch war der iranische Monarch ein Despot, der seinem Volk jede Mitsprache und Teilhabe verweigerte. Kritik wurde brutal unterdrückt. Der Geheimdienst, dessen Foltermethoden die Bevölkerung in Angst und Schrecken versetzte, war allgegenwärtig. Und trotz der großen iranischen Ölvorkommen lebten die unteren Schichten der Bevölkerung in Armut. Besonders unter den Studenten regte sich Widerstand, der brutal unterdrückt wurde. Auch die religiösen Kreise begehrten auf. Hier wurde weniger die fehlende Meinungsfreiheit angeprangert, sondern die Modernisierung und die Verwestlichung, die vom Schah mit aller Brutalität vorangetrieben wurden. Man warf ihm die Missachtung islamischer Grundsätze vor und dass er die einheimischen Traditionen mit Füßen trete. Der Kritik der Rechtsgelehrten kam eine entscheidende Rolle zu, weil die Geistlichen im schiitischen Islam eine wichtige Funktion haben: Um gottgefällig leben zu können, muss der Muslim den Koran, die Offenbarung des göttlichen Willens, und die Traditionen des Propheten so genau wie möglich kennen. Die schiitischen Rechtsgelehrten gelten als die Vermittler des göttlichen Willens. Die Schia zeigte von Anfang an im Vergleich zur Sunna eine weit stärkere Tendenz, das Verstehen des Korans in den speziellen Zuständigkeitsbereich ausgebildeter Interpreten zu legen, da sie hinter dem Wortlaut des Korans einen vielfältigen, hintergründigen, allegorisch sich erschließenden Textsinn vermutet. Es bildete sich daher im schiitischen Islam – im Gegensatz zum sunnitischen – eine klerikale Hierarchie heraus.

Die Rechtsgelehrten, die Kritik am Schah übten, konnten daher einen weitreichenden Einfluss auf die gläubigen Schichten der Bevölkerung ausüben. Gegen seine „unislamischen" neuen Gesetze und den zunehmend westlichen und damit in seinen Augen lasterhaften Lebensstil predigte in den sechziger und siebziger Jahren vor allem Ayatollah Chomeini – zuerst von Iran und dann später von seinem irakischen Exil aus. Kurz vor der Revolution wurde Chomeini auf Betreiben des Schahs nach Paris ausgewiesen. Im Nachhinein sollte sich dies als großer Fehler herausstellen, denn in Paris hatte Ayatollah Chomeini weit bessere Möglichkeiten, den Kontakt zu seinen Anhängern in Iran herzustellen als vom Irak aus.

Besonders die von der Schah-Regierung eingeleitete Landreform und seine an Vasallentum grenzende pro-amerikanische Politik stießen in Chomeinis Reden auf scharfe Kritik. Er bezeichnete Iran als amerikanische Kolonie, schließlich hatte auch US-Präsident Jimmy Carter den Schah „unseren Mann am Golf" genannt. Chomeini versprach dem Volk dagegen Freiheit und Unabhängigkeit. Von einem radikal islamischen System war während der Revolution noch nicht die Rede. Stattdessen sagte Chomeini in Interviews: „Ich möchte, dass es in Iran eine freie Presse und Parteien gibt. Jeder soll in Iran in Freiheit und Wohlstand leben."

Die islamische Strömung, der er vorstand, war bei weitem nicht die einzige, die der Revolution zum Sieg verhalf, sie sollte sich aber später durchsetzen. Nach der Vertreibung des Schahs im Januar 1979 konsolidierte Chomeini seine Macht und ließ eine islamische Staatsordnung, die „Herrschaft des Rechtsgelehrten" *(velayat-e faqih)*, in der Verfassung festschreiben. Er ist nach schiitischer Lehre der Stellvertreter des abwesenden 12. Imams, der in eschatologischer Hinsicht dem jüdischen Messias vergleichbar und im Jahre 873 verschwunden ist. Seit dieser Zeit erwarten die Schiiten seine Rückkehr, denn erst wenn er wiederkehrt, kann auf Erden eine wirklich gerechte Ordnung errichtet werden. Den Schiiten gelten die zwölf Imame als die rechtmäßigen Nachfolger des Propheten Mohammed. Alle Kalifen und Herrscher, die nach ihnen kamen, verfügen nur über eine bedingte Legitimität.

Gemäß der iranischen Verfassung ist der *vali-ye faqih*, der Rechtsgelehrte, der auch den Titel Führer oder Revolutionsführer trägt, die höchste politisch-religiöse Autorität des Landes. Ayatollah Chomeini setzte seine Interpretation des Islams, die *velayat-e faqih,* allen Widerständen zum Trotz durch. Seine Gegner schaltete auch er aus: angefangen bei den Vertretern linker Ideologien wie der kommunistischen Tudeh-Partei über die islamisch-marxistische Gruppierung der Volksmudschahedin bis hin zu den Kritikern innerhalb der Geistlichkeit. Mit der Zeit wurden alle gesellschaftlichen Bereiche, vom Schulsystem über die Universitäten bis hin zum Rechtswesen, umfassend islamisiert. Das Ergebnis war ein stark restriktives System. Im Namen einer konservativen Islaminterpretation, dem so genannten „reinen mohammedanischen Islam", wurde die Deutungsvielfalt der Religion eingeschränkt. Es galt, „das Gute zu gebieten und das Schlechte zu verbieten"; Gut und Böse zu unterscheiden, oblag dem Vertreter des 12. Imams auf Erden. Kritik an Ayatollah Chomeini wurde als Abfall vom Glauben interpretiert. Ungehorsam gegen die islamische Regierung gilt als religiöse Sünde.

Chomeinis Nachfolger, Ali Chamenei, der auch als Revolutionsführer bezeichnet wird, hat inzwischen eine ähnlich unantastbare Position inne: unter der „Beleidigung der heiligen religiösen Werte" versteht man heute auch Angriffe gegen Ayatollah Chamenei; sogar Kritik an seiner Person, wie etwa die Infragestellung seiner juristischen Qualifikationen, wird unter diesem Anklagepunkt behandelt.

Die Machtbefugnisse des Revolutionsführers sind bedeutend größer als die des iranischen Präsidenten, der vom Volk in direkter Wahl für vier Jahre gewählt wird. Dem Revolutionsführer obliegt die Entscheidung über Krieg und Frieden, er bestimmt die Richtlinien in der Politik und ist Oberbefehlshaber der Armee. Außerdem ernennt er den Chef der rechtsprechenden Gewalt, den Kommandanten der paramilitärischen *Pasdaran* (Revolutionsgardisten), den Generalstabschef der regulären Armee sowie den Direktor des staatlichen Rundfunks und Fernsehens. Sie alle sind Gefolgsleute des religiösen Führers. Falls der Revolutionsführer nicht gewillt ist, ihm bestimmte Machtbereiche zu überlassen, ist der Präsident ihm gegenüber völlig machtlos – zumindest gemäß einer nicht unumstrittenen, aber unter Konservativen vertretenen

Ansicht. Ähnliches gilt für das Parlament. Wenn es „nicht zu seiner Zufriedenheit" arbeitet, darf der Revolutionsführer als oberster Rechtsgelehrter sogar das iranische Parlament auflösen. Laut Verfassung ist er der absolute Führer. Der Revolutionsführer bestimmt zudem die Hälfte des 12 Mitglieder zählenden Wächterrates, also sechs Geistliche. Als weiteres Organ der politischen Willensbildung kommt im iranischen System der Schlichtungsrat hinzu, dessen Mitglieder ebenfalls vom Obersten Rechtsgelehrten ernannt werden. Der Schlichtungsrat soll im Falle von Meinungsverschiedenheiten zwischen dem Parlament und dem Wächterrat vermitteln – z. B. wenn der Wächterrat gegen ein angeblich unislamisches Gesetz sein Veto einlegt. Schließlich kennt das iranische System noch den sogenannten Expertenrat, der aus Geistlichen besteht und den Revolutionsführer bestimmen soll. Er wird vom Volk gewählt, allerdings wird erfahrungsgemäß reformorientierten Geistlichen die Kandidatur verweigert.

Bis auf das Parlament sind diese Institutionen alle fest in den Händen des konservativen Establishments und somit naturgemäß veränderungsresistent. Aber auch für das Parlament gelten Prinzipien, die nicht mit denen einer westlichen parlamentarischen Demokratie vergleichbar sind. Seine Abgeordneten werden zwar vom Volk gewählt, aber über die Auswahl der Kandidaten entscheidet der von den Konservativen dominierte Wächterrat. So wurden bei den Parlamentswahlen vom Februar 2000 den führenden Köpfen der iranischen Reformbewegung die Kandidatur verweigert. Ganz ähnlich werden die Kandidaten für die Präsidentschaftswahlen und für die Wahlen zum Expertenrat gesiebt. Der Wächterrat überprüft außerdem, ob die Gesetzesvorlagen des Parlaments mit dem Islam vereinbar sind. Laut Artikel 94 der Verfassung müssen alle Beschlüsse des Parlaments binnen zehn Tagen durch den Wächterrat auf ihre Vereinbarkeit mit den Prinzipien des Islams und der Verfassung überprüft werden, erst dann kann ein Gesetz rechtskräftig werden. Wenn der Wächterrat seine Zustimmung verweigert, geht der Entwurf zur Überarbeitung an das Parlament zurück. Die Übereinstimmung eines Gesetzentwurfs mit den islamischen Vorschriften wird im Wächterrat allein von den sechs Rechtsgelehrten entschieden, die vom Revolutionsführer ernannt worden sind.

Dem Schlichtungsrat steht derzeit der ehemalige Präsident Akbar Haschemi Rafsandschani vor, ein Realpolitiker. Wenn es um pragmatischere Gesetze geht, die die Wirtschaft betreffen, hat sich der Rat schon häufig auf die Seite der Reformer geschlagen. Geht es jedoch um Reformen im Bereiche von Frauen- oder Menschenrechten, zeigt sich der Schlichtungsrat ähnlich reformunwillig wie der Wächterrat. In der offiziellen Hierarchie der mächtigsten Personen Irans steht Rafsandschani zwar hinter dem Revolutionsführer Chamenei, aber er rangiert auf jeden Fall vor dem Präsidenten. Es gibt kaum ein Wirtschaftszweig, der nicht maßgeblich von der Familie Rafsandschani bestimmt wird. Er selber gilt nicht nur als der reichste, sondern verbreiteten Einschätzungen zufolge inzwischen auch als der mächtigste Mann Irans.

Neben dem Wächterrat wird auch die Justiz von den Konservativen dominiert. Der höchste Richter des Landes, dem die rechtsprechende Gewalt untersteht, wird ebenfalls von Chamenei ernannt. Hinzu kommt, dass in Iran der Richter zugleich Staatsanwalt ist, d. h. im Namen des Staates direkt Anklage in einem Fall erheben kann, in dem er später auch ein Urteil spricht. Ein reformorientierter Präsident (wie Chatami) hat daher im iranischen System keinerlei Einfluss auf das konservative Gerichtswesen.

Vor allem dem Agieren von Justiz und Wächterrat ist es zuzuschreiben, dass es in den Jahren nach der Revolution zu keiner Öffnung im System kam. Gegen Veränderungen sträuben sich aber auch einige weitere Institutionen. Es handelt sich dabei nicht um von der Verfassung vorgesehene, aber nichtsdestoweniger politisch äußerst einflussreiche Organe: den Geheimdienst, das „Generalsekretariat der Freitagsprediger in Ghom", die radikal-islamistische „Organisation für Islamische Propaganda", die „Ansar-e Hezbollah" (Anhänger der Partei Gottes) – de facto Schlägertrupps im Dienst der Konservativen – oder die zahlreichen revolutionären und religiösen Stiftungen. Wichtig auch hier wieder: Nahezu alle Personen an der Spitze von Institutionen, die wirklich Einfluss haben, werden vom Revolutionsführer ernannt.

Das iranische Wirtschaftssystem ist ähnlich schwierig zu überblicken und zu durchschauen wie der politische Machtapparat – beides ist miteinander verwoben. Irans Regierung um Präsident Mohammad Chatami hat beispielsweise versucht, die Wirtschaft des Landes ein wenig von der Abhängigkeit vom Öl zu lösen. Diversifizierung heißt das Zauberwort, das das Kabinett in einem eigentlich ab März 2000 gültigen Fünfjahres-Wirtschaftsplan festschrieb. Ein Teil der Einnahmen aus dem Ölgeschäft sollte in andere Wirtschaftszweige investiert und so jährlich 750 000 neue Arbeitsplätze geschaffen werden. Doch das ehrgeizige Projekt scheiterte am Wächterrat. Die konservativen Reformgegner fürchten angesichts der Pläne der Regierung Chatami um ihre Pfründe. Nach inoffiziellen Schätzungen sind noch immer 80 Prozent der iranischen Wirtschaft in den Händen des klerikalen Establishments. Eine zentrale Rolle spielen dabei die religiösen Stiftungen, die so genannten *Bonjads*. Einst wurden sie vom Revolutionsführer Chomeini gegründet bzw. übernommen, um das Vermögen des gestürzten Schahs zu verwalten. Ihre Funktionäre sind daher häufig ehemalige Revolutionsgardisten und ergraute konservative Kleriker.

Offiziell sind die *Bonjads* vom Staat unabhängige Institutionen, de facto bilden sie einen Staat im Staat. Da sie nur gegenüber dem religiösen Führer Chamenei auskunftspflichtig sind, weiß außer ihm niemand Genaues über ihre Aktivitäten. Schätzungen über den von ihnen kontrollierten Anteil am Staatshaushalt variieren zwischen 25 und 58 Prozent. Eine eigene Fluglinie, umfangreiche Import- und Exportgeschäfte, Unternehmen in der Tourismusbranche bis hin zur Produktion der beliebten ZamZam-Cola gehören zu diesen Geschäften. Die Aktivitäten reichen von der Unterstützung militanter islamistischer Gruppen im In- und Ausland bis zur Ausschreibung eines exorbitanten Kopfgeldes für die Ermordung des britischen Schriftstellers Salman Rushdie. Die Imam-Reza-Stiftung verfügt allein in der Provinz Chorasan über Grundbesitz, der 90 Prozent des fruchtbaren Bodens umfasst. Diese Institutionen kontrollieren also einen Großteil der iranischen Wirtschaft.

## Wachsender Widerstand

Gegen diese nur an ihren eigenen Pfründen interessierte Herrscherclique und ihre restriktive Islaminterpretation zeichnet sich allerdings schon seit einigen Jahren eine breite gesellschaftliche Oppositionsbewegung ab. Der iranisch-irakische Krieg von 1980 bis 1988 hatte den inneren Zusammenhalt gegen den gemeinsamen Feind verlangt und eine grundlegende Diskussion unmöglich gemacht. Außerdem wagten viele Kritiker erst nach dem Tode des charismatischen Revolutionsführers Chomeini staatliche Grundlagen und Verfassung zu hinterfragen. Viele, die heute Reformen fordern, kommen aus dem Innern des Systems. Doch sie sind nicht die einzigen, die sich für Veränderungen einsetzen. Das Spektrum dieser Strömung ist breit. Auf die Öffnung des Systems drängen revolutionsmüde Linksislamisten, Anhänger des mystischen Islams, rebellische Theologen wie der einst als Nachfolger für Chomeini ausersehene Groß-Ayatollah Montazeri, die Intellektuellen und Künstler ohnehin und die Technokraten innerhalb des Regimes, die eher aus wirtschaftlichen Gründen für eine Öffnung plädieren. Aber auch der Klerus in Ghom, wo sich immer mehr Geistliche gegen eine politische Lesart des Islams stellen, will Reformen. Besonders viel Druck wird von den Frauen ausgeübt, die entgegen allen westlichen Klischees in der iranischen Gesellschaft sehr präsent und angesichts der verordneten Ungleichheit umso entschlossener sind, ihr Leben selbst zu bestimmen. Der größte Wille zum Auf- und auch Ausbruch aber kommt von den Jugendlichen. Iran ist ein außerordentlich junges Land. Siebzig Prozent der Iraner sind jünger als dreißig Jahre. Sie verbindet wenig mit der Revolution, sie sehen sich allerdings Arbeitslosigkeit, Korruption und einer ständigen Gängelung im Namen des Islams ausgesetzt. Für diese Jugendlichen gibt es zu wenig Ausbildungsplätze und keine Arbeit. Die Arbeitslosigkeit unter den 15- bis 24-Jährigen beläuft sich auf das Doppelte des nationalen Durchschnitts. Auf der anderen Seite stieg die Alphabetisierungsquote und damit die Möglichkeit, sich Zugang zu politischen Informationen zu verschaffen von 47,5 Prozent 1976 auf 71,4 Prozent im Jahre 1991.

Auch die ökonomischen Zahlen sprechen eine deutliche Sprache: Der iranisch-irakische Krieg, mit dem die politische und wirtschaftliche Rückständigkeit gerechtfertigt wurde, ist lange vorüber; der Aufschwung, den die Revolution versprochen hat, blieb aus, die wirtschaftliche Lage ist verheerend. Obschon Iran trotz des Krieges noch im Jahre 1990 fast keine Auslandsschulden hatte, beliefen sie sich im Jahre 2003 bereits auf 26,4 Milliarden Dollar. Wenn das Land seine Infrastruktur nicht erneuert, könnte es innerhalb der nächsten 25 Jahre zu einem Rohölimporteur werden. Die jährliche Inflation liegt offiziell bei 27 Prozent. Rechnet man die verdeckte Arbeitslosigkeit und Unterbeschäftigung ein, dann lag die inoffizielle Arbeitslosigkeit 2002 bei 50 Prozent. Sogar die iranische Handelskammer gibt zu, dass 40 Prozent aller Iraner unterhalb der Armutsgrenze leben, ausländische Diplomaten schätzen die Zahl auf über 60 Prozent. 1,8 Millionen Kinder und Jugendliche gehen nicht in die Schule, weil sie ganztägig arbeiten müssen, um zum Familienunterhalt beizutragen. Auch die Urbanisierung, die in den siebziger Jahren zur Bildung von Slums geführt hatte und ein entscheidendes Moment in der Revolution war, hat sich weiter fortgesetzt. 1995 lebten 59 Prozent der Iraner in Städten mit mehr als 75 000 Einwohnern. Der Anteil der ländlichen Bevölkerung des einstigen Agrarlandes sank nach der Revolution unter 50 Prozent. Das also ist der soziale und politische Boden, auf dem die Reformbewegung des heutigen Iran sich zu bewegen hat. Und das ist der gesellschaftliche Hintergrund, vor dem eine Frau wie Schirin Ebadi – und Menschen, die ihre Vision teilen – kämpfen.

## Die politische Reformbewegung

Schirin Ebadi gehört zur Gruppe jener Iraner, die einen Islam wollen, der nicht im Widerspruch steht zu Menschenrechten und Demokratie und die die Durchsetzung dieser Reformidee in der Politik fordern. Weil sie um das Ansehen der Religion fürchteten und mit Schrecken erlebten, wie sich die Menschen in einem System, das angeblich den wahren islamischen Staat verwirklicht, von der Religion abwenden, setzten ab Ende der achtziger Jahre einige Geistliche und Intellektuelle auf eine Neuinterpretation restriktiver islamischer Regeln. Sie forderten eine andere, liberale Sicht des Islams. „Die islamische Religion war in den Iranern so fest verwurzelt, dass nur eine islamische Revolution es schaffen konnte, diese Wurzeln auszureißen.“ So formulierte es einmal der bedeutende Reformtheologe Abdolkarim Sorusch, auf den noch einzugehen sein wird. Denker wie er – und eben auch Schirin Ebadi – haben dabei durchaus die Zukunft Irans im Blick.

Denn vor allem die Jugendlichen legen es dem Islam zur Last, dass sie unter den Umständen, in denen sie leben, keine Zukunftsperspektive haben. Umfragen zeigen, dass die iranische Bevölkerung inzwischen weniger religiös ist als die der laizistischen Türkei – eine Folge des real existierenden Islamismus in Iran.

Bereits seit Anfang der neunziger Jahre werden in iranischen Zeitschriften daher heftige Debatten über die Vereinbarkeit von Religion und Demokratie, von Religion und Frauenrechten geführt. Langsam, aber sicher kristallisierte sich eine Reformbewegung heraus, die breite Schichten der Gesellschaft erfasste. Und mit dem Sieg von Mohammad Chatami im Mai 1997 sollte sich zeigen, dass der Wunsch nach Reform, nach Demokratie und Wandel von einer breiten Mehrheit in der Bevölkerung getragen wird. Über siebzig Prozent der iranischen Bevölkerung sprachen sich für den Wandel aus, als sie Chatami wählten. Weil sich die Konservativen jedoch beharrlich weigern, diesem Drängen nachzugeben, gibt es seit Jahren einen Richtungskampf in Iran, in dem mit harten Bandagen gekämpft wird. Denn die Konservativen verfügen zwar über wenig Anhänger, dafür aber eben über entscheidende Machtpositionen. Sie verhindern, dass jene, die für Reformen in der Politik kämpfen, Veränderungen durchsetzen.

Ein entscheidener Grund, warum die Reformkräfte letztlich gewinnen werden: Dem theokratischen Staatsmodell in Iran ist die Gesellschaft abhanden gekommen. Der Chomeinismus hatte Anfang der achtziger Jahre einen zwar nicht uneingeschränkten, aber starken Rückhalt in den Zentren der schiitischen Volksfrömmigkeit, also in den Klein- und Mittelstädten sowie im traditionellen Mittelstand, dem Basar und den ärmeren Vierteln der Großstädte. Im Laufe der neunziger Jahren kristallisierte sich jedoch immer deutlicher heraus, dass sogar jene Bevölkerungsschichten, auf deren Loyalität die Islamische Republik gründete, sich in Scharen von der eigenen politischen Elite abgewandt hatten. Viele sind zu den radikalsten Kritikern des Establishments geworden.

Manche Ursachen sind offenkundig: das Trauma des iranisch-irakischen Krieges, die ökonomische Krise, die andauernde politische Unterdrückung, die Misswirtschaft und eine unter vielen Funktionäre herrschende Korruption. Vielleicht aber reichen die Gründe für den Wandel noch tiefer. Innerhalb zweier Jahrzehnte waren die Iraner einer wohl einzigartigen Massierung historischer Ereignisse und Veränderungen ausgesetzt: einer Revolution, die zu einer vollkommenen Umkehr der politischen, sozialen und gesellschaftlichen Verhältnisse und Wertvorstellungen führte; ein Krieg, der länger dauerte als der Zweite Weltkrieg, der ganze Provinzen verwüstete und beinahe eine Million Opfer allein auf iranischer Seite forderte; es gab Naturkatastrophen apokalyptischen Ausmaßes wie das Erdbeben von 1990, eine Wirtschaftskrise, die weite Teile der Bevölkerung in ihrer Existenz bedroht, eine Absetzbewegung aus dem Land, die Iran intellektuell beinahe ruiniert hat. Dazu kam der Flüchtlingsstrom von Afghanen nach Iran, der das Land zu einem der Staaten mit den meisten Flüchtlingen der Welt gemacht hat.

Besonders prägend dürfte für die Bevölkerung noch etwas anderes gewesen sein: die kollektiven Grenzerfahrungen, die Erfahrung des Todes und der Verzweiflung über seine Sinnlosigkeit. Während der Anti-Schah-Demonstrationen und dann später auf den Schlachtfeldern des Kriegs haben viele Menschen dem Tod ins Auge gesehen. Fast jede Familie hat Tote, so genannte „Märtyrer“ zu beklagen: Märtyrer der Revolution, Märtyrer des Krieges, Märtyrer des Widerstandes gegen das revolutionäre Regime, Märtyrer des Kampfes gegen die Konterrevolution. Und wofür? Weder geht es den meisten Iranern besser als vor dreiundzwanzig Jahren, noch sind sie freier. Umsonst all das Blut, umsonst die

Opfer, umsonst gerannt, umsonst gekämpft, umsonst gelebt – so sieht heute das Lebensgefühl vieler Menschen in Iran aus.

## Chatamis Wandlung

Sie habe geweint vor Freude über seinen Sieg, sagt Schirin Ebadi. Nun könne sich doch noch alles zum Besten wenden, habe sie gedacht, als Mohammad Chatami 1997 zum Präsidenten gewählt wurde. Es war ein Erdrutschsieg. Gegen den erklärten Willen des konservativen Establishments stimmten 70 Prozent der iranischen Bevölkerung für den im Westen fast unbekannten Mohammad Chatami. Für Schirin Ebadi war er kein Unbekannter. Ihr hatte Chatami schon einmal geholfen, im Jahr 1991, als die Justiz die Zeitschrift *Gardun* verboten hatte. Deren Herausgeber Abbas Maarufi wurde im folgenden Prozess von Schirin Ebadi verteidigt. Damals lud Chatami, der zu dieser Zeit den Posten des Kulturministers innehatte, den Beschuldigten zu sich ein, versprach, hinter den Kulissen sein Möglichstes zu tun, damit Maarufi nicht ins Gefängnis müsse. Und Ebadi gewann den Prozess. Fürs erste zumindest. Noch eine Zeitlang konnte *Gardun* erscheinen – bis die Justiz Maarufi wiederum anklagte und zu siebzig Peitschenhieben verurteilte. 1996 verließ Maarufi Iran und ging nach Deutschland ins Exil.

Viele meinen, Chatamis Wandlung habe damals, also Anfang der neunziger Jahre, begonnen. Denn auch in seiner Amtszeit als Kulturminister waren Bücher verboten worden, auch unter seiner Verantwortung gab es Zensur. Doch nun begehrte Chatami auf. Der Krieg mit dem Irak war vorbei. Vielerlei Repressionen waren mit diesem Krieg legitimiert worden. Auf ihn konnte man schieben, dass die Ziele der Revolution immer noch nicht verwirklicht worden waren. Jetzt setzte bei vielen religiösen Intellektuellen ein Umdenken ein. Viele gelangten nun zur Überzeugung, dass mit einer strengen Auslegung des Islams das Land nicht zu regieren sei. Und sie sahen, wie die Bevölkerung sich immer stärker vom Islam abwandte. Eine ganze Reihe der Leute, die heute für den Reformprozess maßgeblich sind, waren Revolutionäre, und zum Teil waren sie sogar Hardliner. Aber diese Erfahrung veränderte sie – auch Chatami. Ihn erbitterte, dass sich viele junge Leute ausgerechnet in einer Islamischen Republik, dem Staat, für den er gekämpft hatte, vom Islam abwandten, weil sie die herrschende Lesart mit dem Islam an sich identifizierten.

Chatami trat 1992 von seinem Amt als Kulturminister zurück. Anlass war die Kritik der Konservativen an dem bekannten Regisseur und Autor Mohsen Machmalbaf. Eigentlich war Machmalbaf ein Islamist und Revolutionär der ersten Stunde gewesen, er galt als der Theoretiker der so genannten islamischen Literatur. Aber als Machmalbaf dann mit seinem ebenso genialen wie brutalen Film *Der Straßenhändler*, einem film noir, brillierte, wandte sich sein angestammtes Publikum von ihm ab. Er habe die Revolution verraten, hieß es. Nur ein Kleriker – Chatami – erhob sich zu seiner Verteidigung.

In seinem an den damaligen Präsidenten Rafsandschani adressierten Rücktrittsgesuch kritisierte Chatami die Konservativen, die gegen den Kulturimperialismus wetterten; sie würden die Kultur praktisch auslöschen und vernichten: „Die ehrwürdigen Verantwortlichen, die die Ordnung des Staates und seine Prinzipien hätten verteidigen müssen – und zwar mehr noch als ich –, nahmen die jüngsten Bedrohungen der Kultur und des Denkens nicht ernst. Aus welchem Grund auch immer hüllten sie sich ihnen gegenüber in Schweigen. Das führte dazu, dass die Missgünstigen noch vermessener wurden."

Dieser Brief ist ein Markstein. Ein Teil der Herrschenden, ein Teil des Systems war zur Opposition geworden. Ihnen schlossen sich auch jene an, die eigentlich für eine Trennung von Staat und Religion eintreten – wie Schirin Ebadi beispielsweise. Sie alle wollten eine andere Islamische Republik, und zu ihrem Hoffnungsträger wurde Mohammad Chatami. Nach langem Zögern und vielen vergeblichen Anläufen, einen aussichtsreichen Gegenkandidaten zum gefürchteten Ali Akbar Nateq Nuri zu benennen – einem der Radikalsten unter den Konservativen – hatten die politischen Gegner der Konservativen, kurz vor der Wahl eine Karte aus der Hinterhand gezogen, die sich als Trumpf-As erweisen sollte: Mit Mohammad Chatami überredeten sie im Frühjahr 1997 einen Mann zur Kandidatur für das Präsidentenamt, der dem politischen Establishment schon lange nicht mehr angehörte. Einem solchen Außenseiter allein war zuzutrauen, gegen Nateq Nuris Propagandaapparat zu bestehen, nur er konnte die Nichtwähler und Unzufriedenen für sich gewinnen.

Indem er die Kandidatur Chatamis nicht verhinderte, bot der Wächterrat dem Volk erstmals eine echte politische Alternative. Die konservative Führung des Landes hatte dies halb freiwillig, halb von der Eigendynamik der Ereignisse überrumpelt, getan. Es waren nicht nur die Inhalte seiner Reden, die Chatami die Sympathie der Menschen gewinnen ließen. Es lag nicht nur daran, dass er von Meinungsfreiheit, Rechtsstaatlichkeit, einer islamischen Demokratie sprach. Er besaß auch Charisma. Kein Vergleich mit seinem finster dreinblickenden Konkurrenten Nateq Nuri. Chatami dagegen wirkte sympathisch, war elegant gekleidet und entsprach so gar nicht dem Bild von einem Mullah, das viele Iraner haben. Und seine Unterstützer aus dem linksislamistischen Lager und dem der Technokraten konnten nicht ahnen, dass Chatami sie an Reformwilligkeit weit übertreffen würde. Als eine „zweite Revolution" bezeichnete der Schriftsteller Huschang Golschiri im Mai 1997 die Wahl Mohammad Chatamis zum Präsidenten.

Der Tag seiner Wahl, der 23. Mai – oder nach dem persischen Kalender der zweite Chordad –, sollte zum Namen einer gesellschaftlichen Bewegung für Freiheit und Reformen werden. Nach Chatamis Amtsantritt im August wehte in Iran ein merklich liberalerer Wind. Vor allem wurden in den ersten Monaten viele Hoffnungen der Kulturschaffenden erfüllt. So lockerte das Kulturministerium unter dem Chatami-Vertrauten Ataollah Mohadscherani die Buchzensur, Zeitungen erhielten eine Lizenz, die kein Blatt vor den Mund nahmen und die bestehenden Zustände offen kritisierten, unter ihnen die – wie sie sich nannte – „erste Zeitung der zivilen Gesellschaft“. Auch im unpolitischen Alltag gab es Anzeichen für einen Wandel, kleinere und größere Tabubrüche: Das Kopftuch rutschte weiter nach hinten, die Jugendlichen wurden mutiger, hielten Händchen auf der Straße, hörten verbotene Musik auch bei geöffneter Autoscheibe, feierten lautere Partys.

Es gab sogar Vorstöße, die an ganz neuralgische Punkte heranreichten und die Identität der Islamischen Republik berührten: ihre Herrschaftstheorie, die „Herrschaft des Rechtsgelehrten“, sowie das Verhältnis zu den Vereinigten Staaten. Über beides wurde öffentlich gesprochen, wenn auch zaghaft. Neugegründete Zeitschriften wie *Rah-e nou* (Der neue Weg) brachten Darstellungen der *velayat-e faqih* in Geschichte und Gegenwart und wagten, der herrschenden Doktrin zu widersprechen, wonach die „Herrschaft des Rechtsgelehrten“ zu den althergebrachten, unumstößlichen Prinzipien der Schia gehöre. Auch die Tatsache, dass der Revolutionsführer nicht direkt vom Volk gewählt wird und dass seine Amtszeit nicht begrenzt ist, wurde plötzlich offen kritisiert.

Im Februar 1998 löste dann der Präsident selbst eine weitere Grundsatzdebatte aus. Er gab dem amerikanischen Sender *CNN* ein Interview und hielt eine Ansprache an „das große amerikanische Volk“. Dieses Interview übertraf die schlimmsten Befürchtungen seiner innenpolitischen Gegner bei weitem. Deren Erwartungen hatte Parlamentspräsident Nateq Nuri, der gescheiterte Präsidentschaftskandidat der Konservativen, am Tag des Interviews folgendermaßen zusammengefasst: „Die Übermittlung einer Botschaft an das amerikanische Volk ist nichts Schlechtes. Man sollte mit dem amerikanischen Volk sprechen und ihm die Vorwürfe, die wir seinen Staatsmännern machen, mitteilen."

Chatami jedoch begann das Interview nicht etwa mit Vorwürfen, sondern mit einer minutenlangen Lobrede auf die amerikanische Zivilisation, erkor diese gar zum Vorbild für Iran. Und dann entschuldigte er sich auch noch indirekt für die Geiselnahme in der Amerikanischen Botschaft in Teheran. 444 Tage lang hatten iranische Studenten nach der Revolution amerikanische Diplomaten gefangen gehalten. Er suchte Verständnis zu wecken und positiv in die Zukunft zu schauen: „Es war der Aufschrei eines Volkes gegen die Erniedrigung und die Ungerechtigkeit, die ihm die Politik der USA angetan hatte. Doch nun ist unser System institutionalisiert, und es besteht kein Bedarf mehr für unkonventionelle Methoden, seinen Gefühlen und Ängsten Ausdruck zu geben. Ich glaube, dass jetzt nur noch Bedarf besteht für Dialog."

Die Konservativen machten keinen Hehl aus ihrem Unmut über Chatamis Avancen. Revolutionsführer Ali Chamenei erklärte am Tag nach dem Interview: „Die US-Regierung ist unser Erzfeind und wir betrachten sie wegen ihrer Politik der vergangenen Jahrzehnte als großen Satan."

Chatami hatte einen bedeutenden Schritt gewagt: Mehr noch als die „Herrschaft des Rechtsgelehrten", die nur von den islamistischen Kräften der revolutionären Bewegung vertreten wurde, gehörte die Kritik an Amerika zu den Grundpfeilern der Islamischen Revolution. In ihr war die bürgerliche, linke und islamistische Opposition gegen den Schah vereint, schon weil dieser mit einem von der CIA organisierten Putsch gegen die demokratische Regierung Mohammad Mossadeqs an die Macht gekommen war. Es war nicht zuletzt der Widerstand gegen die Amerikaner, der das iranische Volk 1978 auf die Straßen getrieben hatte. Und auch nach dem Sieg der Revolution hatten die Vereinigten Staaten alles getan, um weiter als identitätsstiftendes Feindbild zu fungieren: ihre Unterstützung Saddam Husseins, als dieser seine Truppen nach Iran einmarschieren ließ, das Wirtschaftsembargo, der Abschuss eines iranischen Passagierflugzeuges im Jahre 1988, die Bekanntgabe eines Budgets zum Sturz der iranischen Regierung, zuletzt die Unterstützung der Taliban in Afghanistan, die die schiitischen Iraner als Ketzer ansehen und mit denen es fast zum Krieg gekommen wäre – nichts war besser geeignet, von den eigenen Misserfolgen abzulenken, als diese Liste amerikanischer Verfehlungen.

Sicher wollte Chatami die Frontstellung gegen die USA nicht auflösen, weil ihm der ehemals große Satan sympathischer geworden wäre. Der Anti-Amerikanismus in dem Sinne, wie er überall in der Dritten Welt und bei manchen europäischen Intellektuellen vorzufinden ist, bleibt eine Grundbedingung des Denkens von jemandem wie Chatami und auch von seinen Unterstützern. Aber für sie wog der Schaden, den das Land strategisch und vor allem ökonomisch hat, indem es sich mit der einzig verbliebenen Weltmacht befehdet, schwerer als der stabilisierende Effekt eines äußeren Gegners. Damit signalisierten sie etwas Grundsätzlicheres als nur die Aufgabe alter Feindbilder, nämlich das Primat des nationalen Interesses über die revolutionäre Ideologie. Doch nicht nur bei diesem Schritt, mit dem er eine außenpolitische Öffnung einleiten wollte, sollten Chatami Steine in den Weg gelegt werden. Mitstreiter und Sympathisanten seines Kurses wie Schirin Ebadi waren davon ebenfalls betroffen.

# Die Reaktion der Konservativen

## Der Schock der „Kettenmorde"

Im Herbst 1998 geschah etwas, was die Weltöffentlichkeit schockierte, in Iran zur ersten Regierungskrise führte und Schirin Ebadi wieder ins Rampenlicht führte: die sogenannten Kettenmorde. Darioush Forouhar und seine Frau Parwaneh Eskandari, zwei Aktivisten der „Partei des Iranischen Volkes", waren die ersten Opfer einer politisch motivierten Mordserie. Auch die Schriftsteller Mohammad Mochtari und Dschafar Pujandeh, die sich für die Zulassung des verbotenen iranischen Schriftstellerverbandes eingesetzt hatten, wurden umgebracht. Weil man die beiden erdrosselt im Straßengraben gefunden hatte, gingen die Morde als die „Kettenmorde" in die iranische Geschichte ein.

Forouhar und Eskandari hatten sich schon unter dem Schah und dann in der Islamischen Republik für Demokratie eingesetzt. Sie forderten die Trennung von Religion und Staat und gehörten zum säkular-nationalen Spektrum der iranischen Opposition. In der ersten Regierung der Islamischen Republik war Darioush Forouhar unter dem national-religiösen Mehdi Bazargan Arbeitsminister gewesen. Als die gesamte Regierung aus Protest gegen die Geiselnahme in der Amerikanischen Botschaft zurücktrat, wurde Forouhar ins Gefängnis geworfen. Vor der Hinrichtung hatte ihn, eigenen Angaben zufolge, damals nur bewahrt, dass er unter dem Schah einmal mit dem Sohn von Revolutionsführer Ayatollah Chomeini in einer Zelle gesessen hatte.

Der Mord an den Forouhars glich einer Hinrichtung. Parwaneh Eskandari war mit über zwanzig Messerstichen in der Brust in ihrer Wohnung aufgefunden worden. In diesen Tagen ging das Grauen um in Iran. Jeder oppositionelle Intellektuelle fürchtete, er könnte der Nächste sein. Gerüchte sprachen von Todeslisten mit Namen von Dissidenten und Regimekritikern. Darunter waren Reformtheologen, Studentenführer, Schriftsteller und Frauenrechtlerinnen. Auf der Liste, die später von einer reformorientierten Zeitung veröffentlicht wurde, stand auch der Name Schirin Ebadis.

Die Reformregierung war damals in Gefahr. Chatami hatte Rechtssicherheit versprochen, nun drohte das Land im Chaos zu versinken. Später stellte sich heraus: Geheimdienstagenten hatten die Morde verübt, um der Regierung zu schaden. Chatami setzte daraufhin immerhin den Rücktritt des Geheimdienstministers und die Verhaftung einiger Agenten durch.

Schirin Ebadi vertrat Parastou Forouhar und ihren Bruder, die Kinder der ersten Mordopfer, im folgenden Gerichtsverfahren. Warum hatte Parastou Forouhar – die als Künstlerin in Deutschland lebt – sich gerade Ebadi ausgesucht? Sie habe den Namen zum ersten Mal von einem Menschenrechtsaktivisten in Paris gehört, einem Bekannten. Dann sei ihr eingefallen, dass auch ihre Mutter den Namen einmal erwähnt und sich positiv geäußert habe. Den Ausschlag habe aber gegeben, wie Ebadi argumentiert habe. Die der Tat beschuldigten Mörder hatten vor Gericht zu Protokoll gegeben, die Ermordeten seien Apostaten, vom Glauben abgefallen und daher vogelfrei. Damit wollten sie eine Verminderung oder gar Aussetzung der Haftstrafe erreichen. Nach islamischem Recht ist die Tötung eines Menschen nicht strafbar, wenn ranghohe Geistliche ihn vorher in einem Gerichtsurteil zum Apostaten erklärt haben. Freunde der Familie betonten daraufhin in öffentlichen Stellungnahmen die Religiosität der Forouhars. „Das hat mir nicht gepasst, das wäre nicht der Weg gewesen, den meine Eltern gewählt hätten“, sagt Parastou Forouhar. Ebadi argumentierte anders: Was hier geschehen ist, war Unrecht. Ein Mord ist Unrecht, egal ob es sich um einen Mord an einem gläubigen oder an einem weniger religiösen Menschen handelt. „Deshalb müssen die Mörder zur Rechenschaft gezogen werden", sagte Ebadi. Nicht nur deshalb hatte Parastou Forouhar Ebadi als Anwältin ausgewählt, sondern auch, weil sie sich im iranischen Machtapparat auskennt. „Außerdem ist sie ein Familienmensch", sagt Parastou Forouhar: „Wie meine Eltern." In der Gegenwart dieser Frau habe sie sich immer sicher gefühlt. Das Verhältnis von Mandantin und Anwältin wurde bald auch ein persönliches. Oft ging Parastou Forouhar von der Kanzlei aus in die Wohnung ihrer Anwältin, fand dort Aufnahme und auch Anteilnahme von den beiden Töchtern Ebadis und von der Mutter ihrer Anwältin.

Parastou Forouhar hat ihrer Anwältin den Fall über Wochen hinweg alleine überlassen, wenn sie zu ihren Kindern nach Deutschland zurück musste. Aber sie wusste: Ebadi lag der Kampf um die Aufklärung dieses Verbrechens fast ebenso sehr am Herzen wie ihr selber. Beide kämpften mit unglaublicher Energie. Bis heute versuchen Parastou Forouhar und Schirin Ebadi, die Hintermänner der Mörder vor Gericht zu bringen. Es scheint aussichtslos. Weil die iranischen Justizbehörden den Fall verschleppt haben, wollen die beiden ihn vor den Internationalen Gerichtshof in Den Haag bringen. Parastou Forouhar erklärt, wieso sie nicht aufgibt. „Wenn ich den Mordfall nicht verfolge, habe ich das Gefühl, meine Eltern noch einmal zu verlieren." Ihren Kampf hat sie in ihrer Kunst abgebildet, auf vielen der Zeichnungen ist auch Schirin Ebadi zu sehen. „Schuhe ausziehen" heißt eine Serie von Bildern. Eindrucksvolle Bilder, die Ohnmacht in Kunst bannen. Parastou Forouhar und Schirin Ebadi sind zu sehen: zwei Frauen, standhaft vor einem allmächtigen Justizapparat.

Immer habe Ebadi sie begleitet, wenn sie von einem Beamten zum anderen geschickt wurde und Akteneinsicht forderte. „Heute nicht, kommen Sie morgen wieder, ziehen Sie das Kopftuch tiefer ins Gesicht, ziehen Sie die Schuhe aus, wenn Sie mein Büro betreten", hieß es immer wieder. Schrecklich demütigend müssen die Justizbeamten gewesen sein, in ihren Zeichnungen ist es abgebildet. Doch Ebadi machte ihr immer Mut: Sie dürfe nicht aufgeben. Aufgeben hieße, dass die anderen den Sieg davontrügen.

Ihre Anwältin war auch dabei, als ihr – Monate später – diese Akteneinsicht endlich gewährt wurde. Zehn Tage bekamen sie Zeit, mehr nicht. Zehn Tage lang habe sie gelesen, erzählt Parastou Forouhar, und 1500 Seiten Notizen gemacht – in einem Raum zusammen mit den Mördern. Denn auch die Mörder durften die Akten einsehen, und der Justizbeamte hielt es nicht für nötig, die Mörder und die Tochter der Opfer räumlich voneinander zu trennen. So reichten die Täter die Akten, die sie gerade studiert hatten, an Forouhar weiter.

Irgendwann kam der Richter auf Parastou Forouhar mit einem Vorschlag zu: „Wenn du auf die Todesstrafe für die Mörder verzichtest, kannst du von ihnen ein Blutgeld verlangen." Nach islamischem Recht entgeht ein Mörder der Todesstrafe, wenn die nächsten Verwandten eine finanzielle Entschädigung, das so genannte Blutgeld, akzeptieren. „Du bekommst soundsoviel für deinen Vater und die Hälfte davon für deine Mutter," sagte der Richter. „Die Hälfte davon für deine Mutter", dieser Satz klingt Parastou Forouhar bis heute in den Ohren. Die Hälfte dessen, was ein Mann bekommt – weil sie eine Frau ist – und weil nach einer konservativen Deutung des islamischen Rechts das Blutgeld für den Mann doppelt so hoch ist wie das Blutgeld für die Frau. Bei diesem Satz zog sich ihr alles zusammen. Die Erinnerung an ihre starke Mutter stieg in ihr auf, die zeit ihres Lebens für Demokratie und Freiheit gekämpft hatte und dafür, dass ihre Kinder einmal in einem besseren Iran leben können. „Abgesehen davon, dass man das Leben keines Menschen mit Geld aufwiegen kann", sagt Parastou Forouhar, „war dieser Satz einfach furchtbar: *Die Hälfte davon für deine Mutter.*"

Schirin Ebadi war auch in dieser Situation bei ihr. Sie hat ihr damals nur stumm über die Hand gestreichelt. Parastou Forouhar erinnert sich: „Immer, einfach immer ist Ebadi für mich da gewesen." Dann muss sie plötzlich lachen in Erinnerung an das erste Gespräch, das sie mit Ebadi nach der Zuerkennung des Nobelpreises geführt hat. Und sie erzählt: Um das Vorgehen im Prozess zu besprechen, sei man oft in eine nahe gelegene Imbiss-Stube gegangen. In Ebadis Kanzlei waren sie abgehört worden. Und das Radio, das Ebadi habe laufen lassen, um den Geheimdienstlern das Mithören zu erschweren, habe so furchtbar geknarrt. Deshalb, so erzählt Parastou Forouhar, war der erste Satz, der ihr einfiel, als sie gratulierte: „Jetzt kannst du dir wenigstens ein neues Radio leisten."

Man sieht Parastou Forouhar die übergroße Freude an, dass gerade Ebadi diesen Preis bekommen hat: „Diese Anerkennung kommt allen zugute, die für Demokratie und Menschenrechte streiten und deren Hoffnung sich in den letzten Jahren fast verbraucht hat", sagt sie. Und fährt fort: „Es ist eine gerade noch rechtzeitige Erinnerung daran, dass diesem Kampf endlich Anerkennung gezollt wird. Gerade jetzt, wo so viele Menschen alle Hoffnung verloren haben."

## Bedrohte Hoffnungen

Der Fall der Kettenmorde, in dem Schirin Ebadi sich engagierte, wühlte das ganze Land tief auf. Und dass die Verantwortlichen für diese Verbrechen nie wirklich zur Rechenschaft gezogen wurden, ist ein Grund, weshalb viele Reformanhänger heute so mutlos sind. Die Justiz hatte die Aufklärung der Morde von Anfang an eher erschwert. Gefördert hat sie die Untersuchung kaum. Said Emami, einer der Verantwortlichen für die Morde, beging in seiner Zelle angeblich Selbstmord. Er habe ein Haarentfernungsmittel getrunken, hieß es. Niemand glaubte diese Version. Alle wussten: Es gibt Leute, die Angst haben, Said Emami könne sie als die Hintermänner der Tat benennen.

Vor Gericht kam die Aufklärung nicht voran. Aber immerhin wurden die Fälle in der Öffentlichkeit diskutiert. Zuvor waren politische Morde, zu denen es auch in den Jahren zuvor immer wieder gekommen war, einfach totgeschwiegen worden. Niemand hätte gewagt, darüber zu schreiben. Das hatte sich jedoch mit dem Amtsantritt Mohammad Chatamis geändert. Der Journalist Akbar Gandschi publizierte Ende 1999 ein Buch mit dem Titel „Die Dunkelkammer der Gespenster". Darin machte er Personen mit den Pseudonymen *Graue Eminenz*, *Master Key* und *Rote Exzellenz* für die Morde verantwortlich. Der Code wurde entschlüsselt, und das Buch erreichte innerhalb von vier Wochen 27 Auflagen. Hinter der *Roten Exzellenz*, so wurde verbreitet, verberge sich Ex-Staatspräsident Rafsandschani, *Master Key* wurde als der ehemalige Geheimdienstminister Ali Fallahian identifiziert.

Die Konservativen schlugen zurück. Akbar Gandschi sitzt seit April 2000 im Gefängnis, was ihn allerdings nicht davon abhielt, die Namen auch der anderen Hintermänner offen zu legen. Vor Gericht klagte er an: Ranghohe Kleriker hätten die Morde mit einem Rechtsgutachten abgesegnet. Der sogenannte Haqqani-Zirkel sei für die Morde verantwortlich, so Gandschi. „Ayatollah Jazdi ist der Theoretiker dieses Zirkels. Er sagte seinen Studenten, sie dürften Apostaten auch ohne Gerichtsurteil töten." Er werde übrigens keinen Selbstmord begehen, schon gar nicht mit Haarentferner, dazu sei er nicht der Typ, fügte Gandschi seinen Ausführungen vor Gericht hinzu. Gandschi hat sich weit vorgewagt mit seinen Beschuldigungen. Dennoch: Die Mordfälle sind bis heute unaufgeklärt.

Aber Schirin Ebadi blieb hartnäckig: Wesentliche Teile wie die Aussage Said Emamis seien aus den Gerichtsakten entfernt worden, erklärte sie. Weil sie den Versuch witterten, dass die wahren Hintergründe der Morde verschleiert werden sollten, entließen die Kläger ihre Anwälte und erklärten, an dem Gerichtsverfahren nicht teilzunehmen. Auch Parastou Forouhar entließ Schirin Ebadi, allerdings nur formal. Hätte sie es nicht getan, hätte sich Ebadi strafbar gemacht, wenn sie während des Prozesses nicht anwesend gewesen wäre. Jetzt ist sie wieder Forouhars Anwältin, allerdings vor dem Internationalen Gerichtshof in Den Haag. Die iranische Justiz hat im Oktober 2003 beschlossen, den Fall zu den Akten zu legen.

Von den achtzehn angeklagten Geheimdienstleuten wurden schließlich dreizehn schuldig gesprochen. Drei von ihnen wurden zum Tode verurteilt, fünf weitere zu lebenslangen Haftstrafen. Wenige Monate später waren sie alle wieder auf freiem Fuß, die Hintermänner wurden nie belangt.

## Politische Sabotage

Die Kettenmorde waren nicht der einzige Versuch, die Reformbemühungen des neu gewählten Reformpräsidenten Chatami zu torpedieren. Die Konservativen machten sich auch daran, seine wichtigsten Mitstreiter auszuschalten. In vielen Fällen nutzten sie dazu das Parlament, in dem sie damals noch die Mehrheit stellten. Chatamis Kulturminister überstand nur knapp ein Amtsenthebungsverfahren, bei dem er sich für seine liberale Kulturpolitik verantworten musste. Sein Innenminister, Abdollah Nuri, hatte weniger Glück. Er musste gehen. Doch das reichte den Konservativen nicht. Dieses Mal tat sich die Justiz hervor, um Abdollah Nuri auszuschalten, der zu dieser Zeit neben Staatspräsident Chatami der prominenteste Politiker im Lager der Reformkräfte war. Kurz nach seiner Ankündigung, bei den Parlamentswahlen im Jahre

2000 zu kandidieren, klagte ihn das berüchtigte „Sondergericht für Geistliche“ zahlreicher Vergehen an, bis hin zum Vorwurf der Diffamierung des Propheten. Nuri allerdings nutzte das Verfahren zu einem in der iranischen Öffentlichkeit beispiellosen Rundumschlag gegen die herrschende Politik. Bereits am sechsten Verhandlungstag platzte dem Richter der Kragen. Mit dem Ausruf „Jetzt reicht's!“ schnitt er dem Angeklagten das Wort ab und erklärte die Verhandlung, für die mehrere Wochen, wenn nicht Monate veranschlagt worden waren, kurzerhand für beendet. Der Angeklagte solle den Rest seiner Verteidigungsrede schriftlich einreichen. Dieser hatte zuvor vier Stunden lang, ebenso wie an den vorangegangenen Tagen des Prozesses, das Unterste der Islamischen Republik nach oben gekehrt und reihenweise die Tabus der öffentlichen Rede in Iran gebrochen – und zwar live zur besten Fernsehsendezeit. So bestritt Nuri vor Gericht die göttlichen Vollmachten von Revolutionsführer Chamenei und verteidigte dessen gewichtigsten Kritiker, den in Ghom unter Hausarrest stehenden Groß-Ayatollah Montazeri. Er gilt als der wichtigste Dissident unter den iranischen Geistlichen. Er sei stolz, die Briefe Montazeris, die als ein Plädoyer für weitreichende demokratische Reformen Aufsehen erregt hatten, veröffentlicht zu haben, sagte Nuri. Er forderte, die ehemaligen Ministerpräsidenten Mohammad Mossadeq und Mehdi Bazargan, die von der Geschichtsschreibung der Islamischen Republik als Liberale und Schwächlinge dargestellt werden, zu rehabilitieren. Von der Anklagebank aus prangerte er auch den politischen Terror in der Islamischen Republik an. Er beschuldigte den Geheimdienst, schon in den Jahren zuvor zahlreiche Andersdenkende umgebracht zu haben. Und er nannte Namen.

In der vierundvierzigseitigen Anklageschrift war Nuri vorgeworfen worden, diplomatische Beziehungen zu den Vereinigten Staaten und zu Israel befürwortet zu haben. Er hielt dagegen: Iran sei auf amerikanische Investitionen angewiesen, und widersprach damit der offiziellen Lesart. Die reformorientierte Presse berichtete täglich auf den Titelseiten über den Prozess.

## Schirin Ebadi gibt nicht auf

In diesem gespannten Klima tat auch Schirin Ebadi ihre Arbeit. Sie war weiterhin gefordert, und sie engagierte sich in dieser bewegten Umbruchszeit. Um gegen den Reformstau zu protestieren, gingen im Juli 1999 die Studenten auf die Straße. Die Proteste waren die größten und blutigsten seit der Revolution von 1978/79. Sie hatten sich an dem Verbot der liberalen Zeitung *Salam* entzündet, die die verschleppte Aufklärung der Kettenmorde kritisiert hatte. Die Konservativen schickten ihre Schlägertrupps los. In der Nacht drangen die „Helfer der Partei Gottes" in ein Studentenwohnheim auf dem Campus der Teheraner Universität ein und schlugen die dort Schlafenden zusammen. Schirin Ebadi übernahm die Verteidigung einiger Opfer. Wie auf einem Schlachtfeld habe es in den Räumen ausgesehen, gab sie zu Protokoll. Obwohl sie überfallen worden waren und die Polizei nicht eingegriffen hatte, wurden die Studenten umstürzlerischer Aktivitäten beschuldigt. Sie, nicht ihre Angreifer wurden vor Gericht gestellt.

Die Studenten haben Ebadis Einsatz nicht vergessen. In einem Artikel zum Nobelpreis gab Bahman Kalbasi – einer von denen, die sie verteidigt hatte – seinem Stolz darüber Ausdruck, dass seine Anwältin nun für ihren Mut geehrt werde. „Wir als die studentischen Opfer des Überfalls auf das Teheraner Studentenwohnheim können ihren Mut nicht vergessen. Sie verteidigte uns bis zum bitteren Ende, sie gab niemals auf." Als Anerkennung verliehen ihr die Studenten der Universität Teheran schon im Juli 2000 eine Tapferkeitsmedaille, für ihren „Beitrag zur Demokratiebewegung". In einem ihrer ersten Auftritte nach der Nobelpreis-

Bekanntgabe, begab sie sich wieder zu „ihren“ Studenten. Sie bat sie, die Hoffnung auf einen friedlichen Wandel nicht aufzugeben.

Sie selber gab nicht einmal auf, als sie selber im Zusammenhang mit diesem Prozess inhaftiert wurde. Die Begründung für ihre Inhaftierung lautete, sie habe ein Video öffentlich gemacht, das „die Volksmeinung beschmutze“. In dem Video hatte ein Mitglied der Schlägertruppe „Helfer der Partei Gottes“ seine Aktivitäten beschrieben und zugegeben, von ranghohen Persönlichkeiten des öffentlichen Lebens bezahlt zu werden, damit er die Studenten zusammenschlage.

Fast beschämend liest sich heute, wenn diese tapfere Frau ihre eigene Schwäche in dieser kritischen und schwierigen Situation beklagt: „Ich hasse mich dafür, so schwach zu sein. Ich versuche, mich nicht zu beklagen. Ich presse meine Zähne aufeinander und kralle meine Finger ineinander – meine Nägel sind blau geworden wegen des Drucks. Aber nie würde ich stöhnen. Ich kann mich nicht erinnern, wer das gesagt hat, dass wir nicht geboren wurden, um zu leiden. Wutentbrannt versuche ich mit dem Löffelende im Zement der Zellenwand einzuritzen: Wir sind geboren worden zu leiden, denn wir wurden in der Dritten Welt geboren – Zeit und Raum wurden uns aufgezwungen. Deshalb können wir nichts tun, außer uns in Geduld zu üben.“

Im Gefängnis leidet sie an Ischias, bekommt Herzrasen, hat Verdauungsstörungen, erhöhten Blutdruck und fängt an zu stottern. Der Körper wird schwach. Aber ihr Mut bleibt ungebrochen.

Schirin Ebadi wurde schließlich entlassen – auf Bewährung. Über ihre Zeit der Untersuchungshaft in dem berüchtigten Teheraner Evin-Gefängnis hat sie eine Satire mit dem Titel „Evin ist gar nicht so schlecht“ verfasst. Erst im Gefängnis habe sie die Bedeutung ihrer eigenen Worte verstanden. Wenige Wochen zuvor habe sie ihrer Freundin Mehrangiz Kar versprochen. „Ich besorge dir die beste Zelle.“ Kurze Zeit später sagten die Gefängniswärterinnen zu ihr: „Wir werden dir die Zelle von Mehrangiz Kar geben, die beste, die wir haben.“ Als „recht nett“ schildert Ebadi die Wärterinnen. Weil einer der Chefs ihr unter irgendeinem Vorwand den Ausgang im Hof verbietet, sagt eine von ihnen: „Verflucht sei das Zeug, das du studiert hast. Hast du nicht einmal gelernt, dich selber zu verteidigen?“

Nachdem sie eine Weile in einer normalen Zelle zugebracht hat, schreibt sie über ihre Zeit in der Einzelzelle für politische Gefangene: „Einsamkeit und Stille können einen verrückt machen. Ich sehnte mich plötzlich nach den Flüchen und Schreien meiner Nachbarn. Ich wünschte, irgendjemand würde des Nachts an die Eisenstäbe der Zellen schlagen und um eine Zigarette bitten. Andererseits: Einsamkeit und Stille bieten eine gute Gelegenheit zum Nachdenken, um Bilanz zu ziehen über Siege und Unzulänglichkeiten im Leben. Ich realisierte, obschon ich inhaftiert war, war ich erleichtert, über Alltäglichkeiten nachzudenken. Ich brauchte mir keine Sorgen zu machen über den Artikel, den ich zu schreiben versprochen hatte, oder über einen anstehenden Prozess. Im Gefängnis fragten mich keine Studenten, ob ich Gelegenheit gehabt hätte, einen Blick in ihre Magisterarbeit zu werfen. Ich musste mir keine Gedanken über das Abendessen für meinen Mann und meine Töchter machen. Und sicher würde sich jemand finden, der die Kaution zahlt. Irgendwer würde sich schon um meinen Job in dem Kinderhilfswerk kümmern und … Insofern, war das Gefängnis gar nicht so schlecht. Und – wie das Sprichwort sagt: Man bekommt dort ein Glas kaltes Wasser zu trinken.“

Die Umstände sind turbulent, und die Zukunft ist unsicher. Trotzdem: „Noch immer sind Reformen von innen möglich“, sagt Schirin Ebadi. „Aber nun ist es Zeit, wirklich etwas zu tun, und vor allem ist es Zeit für ein pragmatisches Denken.“ Trotz all der Rückschläge besteht nach ihrer Überzeugung immer noch Hoffnung auf einen friedlichen Wandel. Und für den will sie kämpfen: „Die Zeit des Hasses und der Gewalt ist vorbei." Eine sehr optimistische Haltung angesichts der Ereignisse seit den Parlamentswahlen vom März 2000. Denn danach haben die Konservativen hart zurückgeschlagen. Auch in der Wahl des Jahres 2000 votierte die Bevölkerung nämlich für Reform. Die Reformer stellten nun auch im Parlament die Mehrheit. „Eine Reform der Gesetzgebung" hatten die Abgeordneten versprochen. Jetzt, so dachten viele, würde sich endlich einiges ändern.

## Die Berlin-Konferenz und die Folgen

Schirin Ebadi sollte bald wieder ins Zentrum der Aufmerksamkeit rücken. Denn eine besonders gute Gelegenheit, weitere Intellektuelle, die den Reformprozess entscheidend vorantreiben, auszuschalten, bot sich den Konservativen im April 2000. Die deutsche Heinrich-Böll-Stiftung hatte 22 Intellektuelle, Geistliche und Politiker aus dem Iran nach Berlin eingeladen, um über den Fortgang des Reformprozesses zu diskutieren. Doch die Konferenz wurde massiv von iranischen Exilanten gestört, die die Reformbemühungen der Eingeladenen als regimetreu und regimestützend abtaten. Die Konservativen witterten ihre Chance. Das iranische Fernsehen montierte die Bilder neu zusammen. Nun hatte es plötzlich den Anschein, als würden Exilanten und Reformer gemeinsam gegen die Regierung demonstrieren und in friedlichem Einvernehmen zu ihrem Sturz aufrufen. Gegen alle, die bei der Konferenz anwesend waren, wurde nach ihrer Rückkehr ein Gerichtsverfahren eröffnet. Viele von ihnen – darunter der Journalist und Autor des Buches über die „Kettenmorde" Akbar Gandschi – befinden sich bis heute in Haft.

Schirin Ebadi übernahm die Verteidigung zweier Frauenrechtlerinnen, Schahla Lahidschi und Mehrangiz Kar. Beide wurden freigesprochen. Ebadi selber hatte an der Konferenz nicht teilgenommen. Um sie zu diffamieren, wird dies aber bis heute behauptet. Die Zeitung *Dschomhuri-ye eslami* zum Beispiel nannte als Begründung, warum sie den Nobelpreis nicht verdiene, die – erlogene – Teilnahme Ebadis an dieser Konferenz.

Insgesamt wurden sieben der siebzehn Angeklagten freigesprochen, gegen sieben der Teilnehmer wurde das Verfahren eingestellt, zehn Angeklagte wurden zu langen Haftstrafen verurteilt. Später hat man allerdings die Strafmaße erheblich revidiert – zum Teil mehrfach. So betrug die Haftstrafe für Akbar Gandschi zuerst fünfzehn Jahre Haft plus zehn Jahre Verbannung. Einige Monate später dann wurde sie auf sechs Monate herabgesetzt, später jedoch wieder auf sechs Jahre herauf. Von vorneherein stand fest: Die Angeklagten waren nicht wegen ihrer Teilnahme an der Konferenz oder wegen dort vorgebrachter Äußerungen zur Rechenschaft gezogen worden, sondern weil „alte Rechnungen" beglichen wurden. So wurden etwa auch zwei Übersetzer zu langen Haftstrafen verurteilt – unter anderem der offizielle Übersetzer der Deutschen Botschaft in Teheran Said Sadr –, die bei der Konferenz nicht einmal anwesend waren.

Weitere politische Prozesse folgten. Im Januar 2001 begann das Verfahren gegen einen engen Verbündeten Präsident Chatamis, Mostafa Tadschzadeh. Dem stellvertretenden Innenminister wurden Aufwiegelung, Störung der öffentlichen Ordnung und Wahlfälschung vorgeworfen. Beliebtester Vorwurf der konservativen Justiz ist jedoch die „Beleidigung der Verantwortlichen des Systems und Propaganda gegen das System". Mit dieser Begründung wurden wenig später Mohammad Dadfar, Hossein Loqmanian und Fateme Haqiqatdschu angeklagt, drei Parlamentsabgeordnete, die zu den wichtigsten Reformkräften zählen. Kurz darauf verfügte das Revolutionsgericht die Festnahme von 26 Mitgliedern der „Freiheitsbewegung", später kamen 42 weitere hinzu; die Partei, die einen halblegalen Status genoss, wurde endgültig verboten. Der Vorwurf gegen die Mitglieder der „Freiheitsbewegung": umstürzlerische Aktivitäten, „Krieg gegen Gott" sowie die angebliche Nähe zu den marxistischen Volksmudschahedin. Das Parlament legte daraufhin einen Gesetzesentwurf vor, der den Tatbestand des politischen Verbrechens klar definiert und damit den oft haltlosen Vorwürfen der Justiz einen Riegel vorschieben sollte. Erfolglos: der konservativ dominierte Wächterrat wies die Gesetzesvorlage zurück.

## Und Chatami?

Wie reagierte Chatami auf die Attacken der Konservativen, auf ihre Versuche, seine Mitstreiter aus dem Weg zu räumen, Reformen zu verhindern oder wieder umzukehren? Häufig genug schwieg er. Zuweilen wählte er aber auch deutliche Worte für seine Kritik an seinen innenpolitischen Gegnern. Aber zu zwei – durchaus möglichen – Reaktionen griff er nicht. Er trat nicht zurück, wie viele von ihm erwartet hatten, um das erhoffte politische Beben auszulösen. Und er rief auch nicht das Volk auf die Straße. Das hätte er gekonnt, das Volk war sein Trumpf im politischen Machtpoker. Doch Chatami wollte kein Blutvergießen riskieren und wählte die Taktik der kleinen Schritte. Rückblickend scheint sich aber auch Chatami keine Illusionen über den Erfolg seiner Taktik zu machen. Im Frühjahr 2001 zog er eine bittere Bilanz seiner ersten Amtszeit: Alle neun Tage hätten die Konservativen eine Regierungskrise für ihn produziert. Als er sich im Mai 2001 – nach monatelangem Zögern – für eine zweite Amtszeit bewarb standen ihm die Tränen in den Augen. Er wäre jetzt lieber woanders, sagte er. Er würde seinem Volk lieber an anderer Stelle dienen. Dass sie – noch – Vertrauen in ihn und den Reformprozess haben, zeigte die iranische Bevölkerung Chatami aber ein zweites Mal. Am 8. Juni 2001 wurde er mit einer überzeugenden Mehrheit wiedergewählt.

## Reformierbar oder nicht?

Aber ist das iranische System überhaupt reformierbar? Frauen wie Schirin Ebadi hoffen darauf. Aber die Zukunft ist offen. Zwar stellen die Reformer seit August 2000 die Mehrheit im Parlament, sie konnten aber wegen der Macht des Wächterrats kaum eines ihrer über 50 Gesetze durchbringen. Insgesamt wurden 90 Prozent aller Gesetze, die das Parlament eingebracht hatte, vom Wächterrat als verfassungsfeindlich abgelehnt. So wurde beispielsweise ein Gesetz gestoppt, welches das Fernsehen der Kontrolle des Parlaments unterstellen sollte. Das Parlament wollte mit diesem Schritt eine Bastion der Konservativen übernehmen. Bisher hat der Revolutionsführer die Oberaufsicht, der dort immer einen seiner Gefolgsleute als Chef einsetzt. Verständlich jedoch, dass der Wächterrat dem Parlament nicht dabei hilft, die Macht des Revolutionsführers zu beschneiden. Die Hälfte seiner Mitglieder werden schließlich vom Revolutionsführer ernannt. Auch der versuchten Beschneidung seiner eigenen Kompetenzen durch das Parlament widersetzte sich der Wächterrat beharrlich. Das Parlament hatte ein Gesetz verabschiedet, das dem Wächterrat die Kontrolle über die Auswahl der Kandidaten für die Parlaments- und Präsidentschaftswahlen entziehen sollte. Auch hier legte der Wächterrat sein Veto ein – und baute seine Kompetenzen kontinuierlich weiter aus: Er hat in allen Provinzen Büros errichtet, die die Wahlen im Frühjahr 2004 „überwachen“ sollen. Eigentlich ist es aber Aufgabe des Innenministeriums, die Wahlen durchzuführen. Deshalb wittern die innenpolitischen Gegner der Konservativen den Versuch, die Angaben über die Wahlbeteiligung zu fälschen, denn die Wahl selbst werden sie wohl auch ohne Wahlfälschung gewinnen.

Aufschlussreich für die Möglichkeiten bzw. Unmöglichkeiten der Reformer, etwas am Status quo zu ändern, war eine Parlamentssitzung, die im August 2000 stattfand. In dieser Sitzung sollte eine Reform des Presserechts verabschiedet werden. Sie hatte zum Ziel, die Presse vor der Willkür der Justiz zu schützen, und sollte den Journalisten größere Freiräume verschaffen. Dieses Pressegesetz war nicht einer von vielen Punkten auf der Tagesordnung des neuen Parlaments, sondern *das* zentrale Wahlversprechen der Reformer. Eine lebendige und freie Presse ist schließlich der deutlichste Gradmesser für den Wandel.

Doch dieses Mal holte der Revolutionsführer höchstpersönlich zum Schlag aus: Bevor die angesetzte Debatte über das Gesetz auch nur begonnen hatte, musste Parlamentspräsident Mehdi Karrubi einen Brief des Revolutionsführers Chamenei verlesen, in dem dieser die Debatte verbot. Jedwede Änderung des bestehenden – sehr rigide auslegbaren – Pressegesetzes verstoße gegen den Islam, so der Revolutionsführer. Zwar gaben einige Abgeordnete ihrer Empörung Ausdruck, indem sie aus Protest die Sitzung verließen. Gegen das Veto des Revolutionsführers konnten sie jedoch nichts ausrichten.

Erstaunen hatte das Vorgehen Chameneis dennoch hervorgerufen. Chamenei hätte es nämlich eigentlich nicht nötig gehabt, diesen direkten Weg der Konfrontation zu wählen. Der Wächterrat hätte das Gesetz ohnehin gestoppt. Nun werfen die Reformer Chamenei vor, er habe sich über die Verfassung hinweggesetzt. Aber Chamenei ist laut Verfassung der „absolute Führer“, er legitimiert sich nicht durch das Volk, sondern durch Gott. Weil er „im Namen Gottes“ regiert, so die Logik der Anhänger dieser Lesart der Verfassung, darf der Revolutionsführer auch Kompetenzen beanspruchen, die die Verfassung eigentlich nicht für ihn vorsieht. Deshalb darf er auch, so die Argumentation, wenn es ihm beliebt, die Verfassung außer Kraft setzen, und er kann das Parlament auflösen, wenn es nicht zu seiner Zufriedenheit arbeitet.

Es mag erstaunen, dass es in der Islamischen Republik überhaupt ein Gremium gibt, das den Revolutionsführer in einer formalen Wahl ins Amt bringt. In der Logik der Anhänger Chameneis handelt es sich aber bei dem, was der Expertenrat bei der Wahl des Revolutionsführers tut, nicht um eine Wahl im klassischen Sinne. Der Revolutionsführer werde vielmehr, so der ehemalige Parlamentspräsident Nateq Nuri, von den Mitgliedern des Expertenrates „entdeckt, aufgrund einer Botschaft, die Gott ihnen sendet“.

Dieses Missverhältnis zwischen den theokratischen und den republikanischen Elementen des iranischen Systems lässt den Reformprozess seit Jahren scheitern. Viele Reformer benennen dies schon lange.

## Der einzige Weg

Schirin Ebadi ist nicht die einzige, die die Hoffnung trotzdem nie aufgegeben hat. Viele verweisen auf die positiven Entwicklungen. Trotz aller Rückschläge im Reformprozess: immerhin hat sich eine bewusste, politisch interessierte Öffentlichkeit herausgebildet. Es gibt erste, kleine Ansätze zivilgesellschaftlicher Organisationen und vor allem eine Gesellschaft, die eine Liberalisierung der öffentlichen Sphäre will. All das ist durchaus zukunftsträchtig. Viele Intellektuelle verbitten sich daher eine Einmischung von außen. In einer ihrer ersten Reaktionen auf den Nobelpreis sagte die eben Ausgezeichnete: „Ich führe diesen Kampf seit zwanzig Jahren. Trotzdem habe ich nie die Hoffnung aufgegeben, dass in Iran eine friedliche Evolution hin zu demokratischen Grundsätzen stattfindet." Von einer Revolution hält sie wenig: „Ich denke, das Zeitalter der Revolutionen ist vorbei. Außerdem gibt es keine Garantie dafür, dass eine weitere Revolution uns etwas Besseres bringen würde als vor 24 Jahren. Nachdem ich das Phänomen lange Jahre beobachtet habe, bin ich zu dem Schluss gekommen, dass Revolutionen niemals versprechen, was sie halten. Was ich fordere, ist eine Reformbewegung, die alle Bereiche umfasst: das politische, soziale, kulturelle Leben und natürlich Menschenrechte. Das iranische Volk ist tief enttäuscht von der Islamischen Revolution. Während der Revolution und in dem Krieg mit Irak, der darauf folgte, hat eine unglaubliche Anzahl von Familien ihre Söhne und Männer verloren. Die Nation verlor ihre besten jungen Männer, und Millionen von Iranern wurden ins Exil gezwungen. Es wird noch Generationen dauern, bis wir uns von dem erholt haben, was uns die Revolution gekostet hat. Der einzige Weg hieraus ist Reform mit friedlichen Mitteln. Chatami ist nicht der einzige, der Reformen fordert, und nur weil seine Regierung gescheitert ist, heißt das nicht, dass die Reformbewegung gescheitert ist."

Chatami begreift sich in der Tat aufgrund der oben geschilderten Konstellation als machtlos und damit handlungsunfähig. Er habe nicht mehr Macht als ein gewöhnlicher Bürger, erklärte er. Als eine Art letzter Versuch wurden daher die beiden Gesetze gewertet, die das Parlament im Frühjahr 2003 verabschiedete. Sie sehen vor, dass die Machtbefugnisse des Präsidenten erweitert und die des Wächterrates beschnitten werden. Doch auch diese Gesetze wurden vom Wächterrat zurückgewiesen. Seither hat sich die ohnehin miserable Stimmung im Lande noch einmal massiv verschlechtert. Bereits ein Jahr zuvor, am 5. Juni 2002, hatte

Aschraf Borudscherdi, stellvertretende Innenministerin für soziale Fragen und kommunale Angelegenheiten, das Ergebnis einer repräsentativen Umfrage über die Einstellung der Bevölkerung zum islamischen Staat präsentiert, die diesem den Bankrott erklärt.

## Die Menschen sind müde

Laut Umfrage vom Sommer 2002 sind rund 90 Prozent der Bevölkerung mit der Islamischen Republik unzufrieden, von diesen wiederum sprechen sich 23 Prozent für einen grundlegenden Wandel der Staatsordnung aus. 66,2 Prozent wollen einschneidende Reformen. 39,2 Prozent der Befragten sind der Meinung, in Iran werde das Recht missachtet, 49 Prozent vermissten individuelle und gesellschaftliche Rechtssicherheit, 32,5 Prozent geben an, keine Zukunftsperspektive zu haben.

Dass Handlungsbedarf besteht und der Wille nach Reformen vorhanden ist, scheint allen – außer den herrschenden Klerikern – klar zu sein. Sogar in den innersten Zirkeln des Regimes mehrt sich daher die Frustration. Ein Beispiel ist der Rücktritt Ayatollah Dschalaloddin Taheris von seinem Posten als Isfahaner Freitagsprediger im Juli 2002. Die Freitagsprediger werden vom Revolutionsführer ernannt, ihre Predigten haben häufig einen politischen Inhalt, meist wird hier die Ideologie der herrschenden Konservativen verbreitet. Früher war es in den traditionellen Schichten üblich, jeden Freitag zur Predigt zu gehen. Die Möglichkeit zur Beeinflussung war bei dieser Gelegenheit beträchtlich. Inzwischen besuchen nur noch verhältnismäßig wenige die Freitagspredigten.

In seinem Rücktrittsschreiben erklärt Ayatollah Taheri, er könne nicht mehr länger die Augen vor dem Leiden der Bevölkerung verschließen. Das Regime beschreibt er als korrupt, unterdrückerisch und heuchlerisch. Die Konservativen beschuldigt er, die Ideale der Revolution verraten zu haben: „Die Machthaber benutzen den Glauben und die Religion der Menschen, um ihre eigenen materialistischen Ziele zu verwirklichen."

Immer deutlicher, aber auch immer resignierter lesen sich die Stellungnahmen der Reformpolitiker zu den Zuständen: In einer Erklärung, die von 148 Parlamentariern unterschrieben wurde, bezeichneten die Abgeordneten im Juni 2003 – in Anspielung auf Revolutionsführer Chamenei – seinen Anspruch, in Gottes Namen zu regieren und daher unfehlbar zu sein, und den damit verbundenen autokratischen Führungsstil als „Ketzerei". Das Volk habe das Recht, die Handlungen seiner Führer zu überwachen, zu kritisieren und sie abzusetzen, „wenn es mit ihnen unzufrieden ist". Die Einsetzung einer „göttlichen und absoluten Macht" und die damit verbundene Einschüchterung der Menschen bedeute eine „Unterdrückung der menschlichen Würde". Kurz vorher hatten 135 Parlamentarier in einem Brief an den Revolutionsführer deutliche Kritik geübt. Sie beklagten, dass einige Gruppen seit Jahren versuchten, den Reformprozess zu stoppen, indem sie Mordattentate auf Regimekritiker verübten, Demonstrationen und Proteste niederschlügen, Zeitungen verbieten ließen und Intellektuelle und Journalisten inhaftierten. Die Verfassung werde vom Wächterrat willkürlich ausgelegt, er habe damit Parlament und Regierung praktisch ausgeschaltet. „Hätte man seinerzeit bei der Abstimmung über die Verfassung dem Volk diese Interpretation vorgelegt, wäre die Entwicklung in Iran ganz anders verlaufen", schrieben die Abgeordneten. Von ihren innenpolitischen Gegnern wurden die Unterzeichner daraufhin als „amerikanische Abgeordnete" denunziert, und die kurz darauf ausbrechenden Studentenproteste wurden ihnen zur Last gelegt.

Diese Studentendemonstrationen im Sommer 2003 hatten in zweierlei Hinsicht eine neue Qualität: Erstmals forderten die Demonstranten auch den Rücktritt Chatamis. Verglichen damit waren die Studentendemonstrationen des Jahres 1999, als die Protestierenden noch das Bild des amtierenden Präsidenten in die Höhe hielten, erstaunlich regierungstreu. Heute meinen immer mehr Menschen, Chatami sei gescheitert und solle daraus die Konsequenzen ziehen. Neu war auch, dass bei den Demonstrationen im Sommer vor der Nobelpreisverleihung an Schirin Ebadi ganz offen die Abschaffung der „Herrschaft des Obersten Rechtsgelehrten", der Staatsdoktrin der Islamischen Republik gefordert wurde. Genau das fordert auch jemand, bei dem die Welt aufhorcht. Ausgerechnet Hossein Chomeini, der Enkel des Staatsgründers, begrüßte sogar eine militärische Intervention der Amerikaner, um das herrschende System zu beseitigen. Wer Iran im Herbst 2003 besucht hat, muss den Eindruck gewinnen: Viele Iraner – zumindest aus der Mittelschicht – fordern größeren Druck des Auslands, sogar eine direkte Einmischung der Amerikaner, sie haben nur noch wenig Hoffnung auf Reformen von innen. Deutschland und die EU werden von vielen kritisiert, weil diese immer noch auf den Dialog setzen und auf Reformen von innen hoffen. Nein, sagen überraschend viele Gesprächspartner. Was hat der Dialog denn gebracht? Wir haben seit 1997 – seit wir Mohammad Chatami zum Präsidenten gewählt haben – durch unsere Teilnahme an den Wahlen und durch unser Votum gesagt und belegt, dass wir Reformen wollen, dass wir allerdings zu warten bereit sind und uns auf einen Wandel auf friedlichem, und damit wahrscheinlich langsamem Wege einlassen. Aber die Konservativen haben kein Einsehen. Druck von außen ist das einzige, was uns jetzt noch helfen kann, das sagen immer mehr Menschen.

Doch noch immer gibt es diejenigen, die – wie Schirin Ebadi – mahnen, dass es nicht gut wäre, wenn sich das System ausgerechnet auf Drängen und Betreiben der Amerikaner wandeln würde. Sie meinen, das müsste man schon selber schaffen, gerade im Hinblick auf die eigene Geschichte und wegen des Selbstbewusstseins eines Volkes, das sich einst erfolgreich erhoben hat, um den Status einer Semi-Kolonie abzuschütteln. Die Voraussetzungen, es selber zu schaffen, sind in Iran nicht die schlechtesten.

## Eine politische Parabel

Schirin Ebadi ist eine der exponiertesten Kämpferinnen in diesem Kampf um eine andere Zukunft. Die einzige jedoch ist sie nicht. Es hätten sicher auch andere iranische Intellektuelle und Frauenrechtlerinnen mit dem Preis ausgezeichnet werden können. Viele, die heute in Iran für Reformen kämpfen, sind Ebadi ebenbürtig in ihrem Engagement und ihrem Mut. Die Hoffnungsträgerin selbst spricht in poetischen Bildern, wenn sie von sich und ihren Mitstreitern spricht. Sie erzählt die Geschichte eines Vogels. Dieser Vogel sieht, dass der Palast des Suleiman brennt. Aber er kann immer nur einen Tropfen Wasser tragen. Da fragen andere, ob das denn nicht zu wenig sei. Der Vogel antwortet: „Ich bringe soviel Wasser, wie ich kann. Ich bin der Vogel, und ich tue, was ich kann."

Indem das Nobel-Komitee Ebadi ehrt, zollt es der gesamten gesellschaftlichen Bewegung, all den vielen anderen, die kämpfen, die im Gefängnis sitzen oder ihr Leben gelassen haben für den Wandel, Achtung und Respekt. Das war die Absicht des Komitees. Und genau so hat Ebadi es verstanden. Schirin Ebadi hat gesagt, sie werde den Preis stellvertretend für alle anderen annehmen. Sie, die den Aufbruch der iranischen Gesellschaft, der sich nicht immer politisch äußern muss, um politisch zu sein, in mehrfacher Hinsicht verkörpert: als engagierte Frau, aber auch als Juristin, die dort kämpft, wo die Islamische Republik ihre dunkelste, ihre archaischste Seite hat, im Bereich des Rechts.

Viele Iraner hoffen, der Preis könnte der iranischen Reformbewegung, die so stark ins Hintertreffen geraten ist, noch einmal

Auftrieb geben. Politische und soziale Bewegungen brauchen Symbole. Ebadi könnte zur bitter benötigten Symbolfigur einer Bewegung werden, die den Präsidenten und seine Mitstreiter hinter sich lässt. Die Reformer in der Politik sind, wenn nicht am Ende, so kurz davor. Sie kommen nicht gegen das Bollwerk an, das die beharrenden Kräfte um den Revolutionsführer im Wächterrat, in der Justiz, im Sicherheitsapparat und in der Wirtschaft aufgestellt haben. In dieser Situation, da die Reformer in Regierung und Parlament bereits zu resignieren scheinen, hat das Nobelpreiskomitee eine Frau gewürdigt, die die gesellschaftliche Reformbewegung verkörpert. Schirin Ebadi steht für diese Bewegung, die längst alle Bereiche der iranischen Gesellschaft erfasst hat und deshalb unumkehrbar ist.

# Mit dem Koran streiten

## Ein Kampf ums Recht

Die Scheinwerfer der Kameras und die neugierigen Blicke der Weltöffentlichkeit waren in Paris auf die Teheraner Juristin gerichtet, nachdem das Nobel-Komitee seine Entscheidung veröffentlicht hatte. Verblüfft und irritiert stellten viele fest, dass diese elegante und selbstbewusste Frau aus Iran kein Kopftuch trug. Ob sie damit ein Zeichen setzen wolle, wurde Schirin Ebadi ein ums andere Mal gefragt. „Nein, aber in Iran ist das Tragen des Kopftuches Pflicht, in Frankreich nicht. Ich respektiere die Gesetze meines Landes. Also trage ich es. Aber in Paris habe ich die Wahl." Ebadi glaubt nicht daran, dass Musliminnen unbedingt ein Kopftuch tragen müssen. Also lässt sie das Kopftuch dort weg, wo kein Staat sie dazu zwingt. In Frankreich eben. So einfach ist das – und keine Provokation, wie einige iranische Medien, die jetzt eine Kampagne gegen sie führen, ihr vorgeworfen haben. Ohnehin findet sie, dass das Kopftuch nicht das dringendste Problem der iranischen Frauen ist. Ihren Kampf führen die Frauenrechtlerinnen woanders, beim Recht.

Das iranische Recht zementiert die Ungleichheit von Mann und Frau. Mit der Machtübernahme der Geistlichkeit im Jahre 1979 waren viele Gesetze aus der Schah-Zeit abgeschafft worden, die die Frauen auf dieselbe rechtliche Stufe mit dem Mann stellten. Stattdessen wurde eine neue, angeblich islamische Frauenrolle propagiert. Diese neue islamische Frau zog von sich aus, so wurde argumentiert, eine dem Manne untergeordnete Stellung der Gleichberechtigung vor. Ihre wesentliche Rolle sollte sein, die Kinder zu erziehen und sich um den Haushalt zu kümmern. Frauen, die anders dachten, wurden als verwestlicht und areligiös beschimpft.

Das neue System formulierte das Familienrecht im Geiste der Religionsgesetze neu: Nun wurde das Tragen des Kopftuchs Pflicht, das Recht auf Scheidung und das Sorgerecht geschiedener Frauen für ihre Kinder wurden eingeschränkt, das Mindestalter für die Verheiratung von Mädchen wurde zunächst auf dreizehn, dann auf neun Jahre herabgesetzt, Polygamie wurde erlaubt, die Frau hatte sich dem Willen des Mannes zu beugen – beispielsweise darf sie ohne seine Einwilligung nicht das Land verlassen. Dass Frauen bestimmte öffentliche Positionen wie das Richteramt nicht mehr bekleiden dürfen, hatte Schirin Ebadi selber erfahren müssen. Die Regelung, dass die Tochter nur die Hälfte dessen erbt, was ihr Bruder bekommt, wurde jetzt gesetzlich festgeschrieben. Ehebruch und vorehelicher Geschlechtsverkehr konnten fortan mit Steinigung bestraft werden.

Zwar verloren die Frauen nach der islamischen Revolution von 1979 viele bürgerliche Grundrechte, aber es blieben ihnen die politischen Rechte, die sie unter dem Schah erworben hatten – beispielsweise das Wahlrecht. Und damit begannen sie zu kämpfen.

Allen Widerständen zum Trotz entstand schon bald eine Frauenbewegung, die mit islamischen Argumenten für Gleichberechtigung eintrat. Schirin Ebadi steht keineswegs allein. Bereits kurz nach der Revolution verfasste z. B. Shahin Tabatabai, die 1980 als offizielle Vertreterin der iranischen Frauen internationale Frauenkonferenzen besuchte, Artikel über die Rolle der Frau. Sie plädierte darin für eine Neuinterpretation der Koranverse, die sich auf die Frau bezogen.

In den Anfangsjahren der Bewegung gingen die Frauen jedoch nicht so weit wie heute. Ein wirkliches Erstarken der islamischen Emanzipationsbewegung ist erst in den vergangenen Jahren zu beobachten. Gleichwohl waren Frauen – entgegen der außerhalb des Iran verbreiteten Meinung – auch direkt nach der Revolution niemals völlig einflusslos. Sie waren nie von der Erwerbstätigkeit ausgeschlossen – die Erwerbstätigkeit aber ist die Voraussetzung für die Forderung nach mehr Rechten, da sie die ökonomische Unabhängigkeit vom Mann begründet. Auch die Qualität der Ausbildung sank nicht. Im Gegenteil: Wenn die Frauen etwas gewonnen haben durch die Revolution, sind es Bildung und Gesundheit. Im Jahre 1975 lag die Analphabetenquote von Frauen in den Städten bei 45 Prozent, auf dem Land weit darüber. Heute können 97 Prozent aller Frauen zwischen 15 und 24 Jahren lesen und schreiben. Auch die gesundheitliche Versorgung hat sich verbessert. Die durchschnittliche Lebenserwartung von Frauen liegt bei 72 Jahren, die der Männer zwei Jahre darunter.

Auch die fortwährende Teilnahme von Frauen am öffentlichen Leben widerspricht dem westlichen Klischee, die iranische Gesellschaft sei vollkommen männlich dominiert. Befördert wurde die aktive Rolle der Frauen durch den iranisch-irakischen Krieg. Da zeitweise eine Million Männer unter Waffen waren, mussten auch in Iran die Frauen deren Jobs übernehmen. Langsam begehrten sie auf und forderten in Artikeln und Aufsätzen, aber auch im Parlament und auf politischen Kundgebungen eine Änderung der rechtlichen Bestimmungen, die ihre Ungleichheit zementierten. Ein Auslöser dafür war sicherlich das Ende des iranisch-irakischen Krieges, der bis 1988 dauerte. Vorher hatte man andere Sorgen, doch nun war die Zeit für gesellschaftliche Debatten wie die über Frauenrechte oder auch über Demokratie.

Heute wollen die iranischen Frauenrechtlerinnen dieselben Rechte wie die Männer. Sie glauben nicht an einen angeblich naturgegebenen, dem Mann untergeordneten Status der Frau. Und sie wollen, dass daraus die Konsequenzen gezogen werden: rechtlich, politisch, ökonomisch, religiös. Dass Frauen heutzutage nicht gleichberechtigt sind, liegt für viele Frauenrechtlerinnen nicht am Koran, sondern daran, dass bisher nur Männer den Koran interpretiert und ihn ausschließlich zu ihren eigenen Gunsten ausgelegt haben. Sie fordern deshalb eine Neuinterpretation und benutzen genuin islamische Argumente, um Forderungen durchzusetzen, die in ihrer Konsequenz denen der säkular argumentierenden Frauen kaum nachstehen; ihr Begehren wird jedoch nicht von vornherein mit dem Vorwurf, sie seien areligiös, abgeschmettert.

Man mag zu dem Kopftuch, das Frauen in der Islamischen Republik Iran zu tragen gezwungen sind, stehen wie man will. Fest steht: Die Präsenz von Frauen in den verschiedensten Sphären der iranischen Gesellschaft zeigt, dass Kopftuch und gesellschaftliche Aktivität keine unüberwindbaren Gegensätze sind. Schirin Ebadi steht dafür. Und sie wird nicht müde, in allen Interviews darauf hinzuweisen, wenn man sie auf die europäische Kopftuchdebatte anspricht: Jeder Frau, die das Kopftuch aus freien Stücken tragen möchte, sollte gestattet sein, das zu tun. „Wenn sie nicht missionieren will, sollte sie das dürfen. Genau so wie man das Recht haben sollte, mit Hut spazieren zu gehen. Oder nackt." Und sie findet, europäische Staaten sollten sich nicht mit dem iranischen Staat gemein machen, indem auch sie den Frauen vorschreiben, wie sie sich zu kleiden haben: „Ich bin der Überzeugung, dass Menschen die Freiheit besitzen müssen, so zu leben, wie sie es wollen. Dass bestimmte Länder nun Musliminnen verbieten wollen, in der Schule zu unterrichten, ist gegen die Freiheit. Dass in Europa eine Frau wegen ihres Kopftuchs nicht Parlamentsabgeordnete sein darf, ist gegen die Freiheit. Die Menschen müssen die Freiheit besitzen, nach ihrer eigenen Überzeugung zu leben. Wir müssen lernen, nebeneinander in Frieden zu leben, auch wenn wir unterschiedliche Glauben und Meinungen haben."

## Kopftuch und Karate

In Iran hatte das Kopftuch zwar eine Separierung der Geschlechter zur Folge, nicht aber den Ausschluss der Frauen aus der Gesellschaft. Gegen alle Vorurteile ist festzuhalten: Auch mit Kopftuch stellen iranische Frauen heute ein Drittel aller Arbeitskräfte im Land. Sie werden Abgeordnete, Ärztinnen, Lehrerinnen, Präsidentenberaterinnen und Bürgermeisterinnen – und neuerdings, seit Januar 2003, sogar Polizistinnen. Im Jahr 2002 gab es zum vierten Mal in Folge mehr weibliche (63 Prozent) als männliche Studienanfänger. Ein Drittel aller derjenigen, die den akademischen Doktorgrad tragen, sind Frauen. Frauen arbeiten als Journalistinnen und produzieren Filme. Mindestens zwei iranische Regisseurinnen sind inzwischen international bekannt: Rachschan Bani-Etemad und die junge Samira Machmalbaf, die bereits im Alter von 18 Jahren den preisgekrönten Film *Der Apfel* gedreht hat. In Iran selbst gibt es noch zahlreiche weitere Filmemacherinnen. Auch im literarischen Bereich haben Iranerinnen einen festen Platz gefunden. In iranischen Literaturzeitschriften finden sich mehr Namen von Autorinnen als in deutschen; Frauen schreiben Gedichte und Kurzgeschichten, rezensieren die Werke anderer, übersetzen aus anderen Sprachen, geben Zeitschriften heraus. Die Romane von Schriftstellerinnen erobern die Bestsellerlisten, unter den namhaftesten Autoren des Landes sind gegenwärtig mehr Frauen als Männer. Inzwischen werden über 300 Verlagshäuser von Frauen geführt. Sogar die klassische Männerdomäne des Nahen Ostens, den Straßenverkehr, haben sie mittlerweile erobert: Sie fahren Taxi, und im Jahr 2002 wurde in Teheran erstmals eine Busfahrerin eingestellt.

Als unterwürfige Dienerinnen der Ayatollahs verstehen sich die iranischen Frauen also nicht, im Gegenteil. Dies lässt sich auch daran ablesen, dass der beliebteste Frauensport in der Islamischen Republik Karate sein soll – was sicherlich auch eine Möglichkeit ist, auf ein Rechtswesen zu reagieren, das es dem Manne erlaubt, seine Frau zu schlagen. Anlässlich des ersten Karatefestivals in Teheran erklärte im Jahre 2003 die Leiterin der iranischen Karatevereinigung, Eschrat Schahmohammadi, dass ihrer Vereinigung bereits eine Million Frauen angehörten – Tendenz steigend. Als Zeichen des neuen Selbstbewusstseins der Frauen wird auch die derzeitige Scheidungsrate gesehen: Jede dritte Ehe wird zurzeit in Iran geschieden. Die Frauen seien nicht mehr länger bereit, sich alles gefallen zu lassen, und fordern immer stärker das Recht ein, sich ihren Ehemann selber auszusuchen. So erklärte eine Analyse des iranischen Sozialministeriums diese Entwicklung. Um die Scheidung zu erwirken, sind die Frauen bereit, hohe finanzielle Verluste hinzunehmen. Denn eine der wenigen Möglichkeiten, sich gegen den Willen des Mannes scheiden zu lassen, ist, auf die sogenannte Morgengabe zu verzichten. Diese Summe wird vor der Eheschließung als Entschädigung für die Frau festgelegt, falls der Mann sich scheiden lässt. Verzichtet sie auf diese Summe, muss der Mann sie gehen lassen. Andere Gründe, die Frauen auf jeden Fall die Scheidung ermöglichen, sind: Drogensucht des Mannes, Impotenz, monatelange grundlose Abwesenheit, Versäumnis der Unterhaltspflicht, Geisteskrankheit, schwer heilbare Krankheit, Abfall vom Glauben, gerichtliche Verurteilung und „ein so schlechtes Benehmen, dass die Fortführung der Ehe für die Frau nicht erträglich ist“.

## Starke Frauen unter dem Schleier

Schirin Ebadi wird nicht müde zu verneinen, was alle Fragenden immer wieder unterstellten: Dass das Kopftuch ein Zeichen der Unterdrückung sei. „Ich kann Ihnen versichern, dass viele verschleierte Frauen sich für stärker halten als Männer“, sagte sie in einem Interview. Und sie steht damit beileibe nicht allein. Selbst die *Grande Dame* des marokkanischen Feminismus, Fatima Mernissi, die das Kopftuch ablehnt und meint, dass die Frau nur aus dem Haus in die Gesellschaft treten kann, wenn sie zuvor ihr Kopftuch ablegt, kann dieser Kopfbedeckung doch einen strategischen Wert für die Emanzipationsbewegung abgewinnen. Sie nennt Iran als positives Beispiel dafür, dass es bei der Frauenfrage nicht in erster Linie darum geht, ob Frauen verschleiert sind oder nicht. „Auch Fundamentalistinnen, die den Schleier tragen", würden heute als politische Akteurinnen in der muslimischen Welt auftreten.

Auch Schahla Scherkat ist ein Beispiel für eine starke Frau, wie Schirin Ebadi sie im Blick hat. Sie ist die Herausgeberin von *Zanan*, der wichtigsten iranischen Frauenzeitschrift. Die vierzigjährige Diplompsychologin war von 1980 bis 1990 für die halbstaatliche Zeitschrift *Zan-e ruz* tätig, wurde aber schließlich wegen Differenzen mit den Herausgebern entlassen. Streit gab es vor allem über die Behandlung geschlechterspezifischer Themen. Weil sie der Auffassung war, dass Frauen wie sie in der iranischen Gesellschaft etwas bewegen können, gründete sie eine eigene Zeitschrift, deren erste Nummer im Februar 1991 erschien. Auch sie geht hart mit westlichen Journalisten ins Gericht, die das Kopftuch als Beleg für die Unterwürfigkeit der Frauen verstehen: „Ich kritisiere immer die ausländischen Journalisten, die hierher kommen und deren erste Frage das Kopftuch betrifft. Die iranischen Frauen und auch die Frauen anderer Länder haben mit Sicherheit wichtigere Probleme als ihre Kleidung. Aber wieso sprechen die Westler immer nur diesen Punkt an? Davon abgesehen bin ich auch der Meinung, dass die Frauen das Kopftuch freiwilig tragen sollen oder nicht. Man kann sie nicht mit Gewalt zwingen. Wir haben ja auch erlebt, wie Reza Schah keinen Erfolg hatte mit seinem Kopftuchverbot. Unsere Probleme sind viel komplizierter und umfassender."

*Zanan* geht ausschließlich auf Frauenthemen ein; es gebe so viele frauenspezifische Probleme, sagt Scherkat, dass kein Raum für andere Bereiche bliebe. Anders als die meisten anderen Frauenzeitschriften ist *Zanan* vollkommen unabhängig. Sie ist weder staatsnah, noch gehört sie einer bestimmten politischen Fraktion an oder wird von Frauen betrieben, die mit einflussreichen Personen des öffentlichen Lebens verwandt sind.

In ihrer Zeitschrift veröffentlicht Scherkat Artikel, in denen dargelegt wird, dass nicht der Koran die Frauen rechtlich schlechter stellt, sondern ein patriarchalisches Gewohnheitsrecht. Angesprochen werden das Scheidungs-, Ehe- und Erbrecht, das ungleiche Blutgeld *(diye)*, die Heirat von Minderjährigen und die Frage, ob Frauen Präsident werden können. Auch über die stellvertretende Staatspräsidentin, Masume Ebtekar, finden sich in *Zanan* ausführliche Berichte. Die bekannte Juristin Mehrangiz Kar klärt ihre Leserinnen in einer Kolumne mit dem Titel „Amuzesch-e hoquq-e zan" (Unterricht in den Rechten der Frau) über ihre Rechte auf. Und am Ende des Jahres gibt es einen Rückblick unter der Überschrift „Was haben wir dieses Jahr erreicht".

## Die Reaktion der Herren an der Macht

Kritiker wie Scherkat und Ebadi sind für die konservativen Geistlichen weit gefährlicher als säkulare Intellektuelle, denn hier werden sie mit ihren eigenen Waffen geschlagen. Für Ebadi ist der Koran an sich so frauenfreundlich oder -feindlich wie jede andere Offenbarungsschrift auch. Es komme einzig darauf an, wie man ihn interpretiert. Eine Zeitschrift wie *Zanan* provoziert nicht von ungefähr häufig Kritik der konservativen Geistlichkeit. Das Büro von Ayatollah Jazdi, dem ehemaligen Obersten Richter des Landes, hat schon des öfteren zu den in *Zanan* veröffentlichten Artikeln Stellung bezogen. Inzwischen sah sich sogar die theologische Hochschule von Ghom, das Zentrum der iranischen Geistlichkeit, veranlasst, auf die wachsende Zahl solcher Zeitschriften zu reagieren. Sie bringt nun ihrerseits das Blatt *Pajam-e Zan* (Botschaft der Frau) heraus, bei dem aber ausschließlich Männer beschäftigt sind. Auch dort werden Frauenthemen diskutiert – allerdings aus einer traditionalistischen Perspektive. Andere kritische Leser von *Zanan* sind weniger diskussionsfreudig. Die Redaktionen der Frauenzeitschriften werden zuweilen von Schlägertrupps angegriffen. Diese Schlägertrupps, die meistens von der konservativen Geistlichkeit finanziert werden, beschimpfen Frauen wie Scherkat als verwestlicht und werfen ihnen vor, der Revolution zu schaden und der westlichen „kulturellen Invasion" *(tahadschom-e farhangi)* Vorschub zu leisten.

Eine erschreckende Tatsache ist: Iran hat heute die höchste Frauenselbstmordrate der Welt. Schirin Ebadi kämpft gegen die Umstände, die Frauen oft verzweifeln lassen. Und sie wird nicht müde, darauf hinzuweisen: „Der Islam hat mit der Unterdrückung der Frauen nichts zu tun. Der Islam ist ein Glaube der Gerechtigkeit und Gleichberechtigung. Die Herren an der Macht haben es nur über die Jahrhunderte vorgezogen, den Islam für ihre eigenen Interessen zu missbrauchen. Durch eine richtige Interpretation des Islams würden wir hier völlige Gleichberechtigung der Geschlechter haben."

## Religion oder patriarchale Gesellschaft?

Schirin Ebadi weiß, dass sie mit dieser Aussage bei westlichen Journalisten auf Unglauben stößt: Ist der Islam wirklich nicht frauenfeindlich?, fragen die meisten nach. Schließlich heißt es im Koran doch ganz klar, dass die Aussage eines männlichen Zeugen das Gewicht von zwei weiblichen hat. Und auch finanziell ist der Wert des Mannes laut Koran doppelt so groß wie der der Frau. Ebadi lacht dann und verneint: „Es ist nach wie vor meine Meinung, dass wir eine bessere Interpretation des Korans brauchen. Obwohl am Anfang der Revolution Frauen das Richtergewand weggenommen wurde, durften sie 15 Jahre später doch wieder in gewissen Gerichten als Richterinnen urteilen. Das allein zeigt, dass die Vorschriften nicht in Stein gemeißelt sind und re-interpretiert werden können. Es gibt mittlerweile Ayatollahs, die den Koran zunehmend zeitgemäß interpretieren. Es gibt sogar einen, Ayatollah Sanei, der durch seine Interpretation des Korans zu dem Urteil gelangt, eine Frau dürfe sogar als *vali-ye faqih*, als spirituelle Führerin des Landes, fungieren – wie der jetzige Führer Ayatollah Chamenei. Diese großen Interpretationsunterschiede zeigen, dass nicht der Koran, sondern die patriarchalische Kultur Grund der jetzigen rechtlichen Lage der Frauen im Iran ist."

Klare und befreiende Worte – die eine Konsequenz haben: Weil alles davon abhängt, wie man den Islam interpretiert, müssten die Frauen selber wissen, was im Koran steht: „Man muss das Wissen und die Bildung verbessern. Wenn die Frauen ihre Menschenrechte kennen und wenn sie ihre Religion kennen, gibt es einen Fortschritt. Die Frauen müssen wissen, dass nicht etwa die Religion gegen sie ist, sondern die patriarchalische Gesellschaft. Diese übt Druck aus und benutzt die Religion gegen die Frauen."

## Widersprüche im Rechtssystem

Ebadi hat sich in vielen Büchern und Aufsätzen mit den Widersprüchen des iranischen Rechtssystems beschäftigt. So riskiert beispielsweise ein Mann, der seiner Frau bei einem illegalen Schwangerschaftsabbruch hilft – indem er sie mit dem Auto zur Klinik fährt –, eine höhere Strafe als ein Vater, der sein vierzehnjähriges Kind tötet. Für einen völligen Widerspruch hält sie auch, dass Minderjährige zwar heiraten und Kinder in die Welt setzen dürfen, aber nicht ohne die Erlaubnis ihrer Eltern das Land verlassen können.

Viele Gesetze führen so zu unvorstellbaren Absurditäten: Zum Beispiel, so schreibt Scherkat in einem Artikel, habe sich ein Gericht gezwungen gesehen, in einem Missbrauchsfall den beschuldigten Vater zu fragen, ob er zustimme, das Sorgerecht für das misshandelte Kind auf die Mutter zu übertragen. Aber es geht nicht nur um abstruse Einzelfälle. Scherkat betrachtet das Frauenproblem insgesamt in einem größeren politischen Zusammenhang: „Eines ist gewiss: Das Recht der Frauen mit regressiven Gesetzesvorschlägen zu beschneiden und ihre zunehmende Aktivität mit immer neuen Regelungen zu fesseln, um sie damit immer enger einzuschnüren, ist auch eine Tarnung für ein viel grundsätzlicheres und längerfristiges Ziel: die Zerstörung der Meinungsfreiheit."

Ziel solcher Einschränkungen ist nach Einschätzung Ebadis, den Ruf des Volkes nach Veränderung, nach Reformen, zu unterdrücken. Ähnlich formuliert es ihre Kollegin, Mehrangiz Kar: „Wenn man die Hälfte der Bevölkerung unter ein Kopftuch zwingt, hat man vor allem eines erreicht: 50 Prozent der Menschen leben ständig in Angst. Ihre politischen Rechte einzufordern, auf den Gedanken kommen sie dann schon gar nicht mehr."

## Konservative Reformerinnen

Unter den Frauen, die sich in Iran für Frauenrechte einsetzen, sind auch einige Töchter bekannter Geistlicher. Angesichts dieses familiären Hintergrunds erwartet man nicht, auf Frauenrechtlerinnen zu stoßen; doch diese Frauen können sich gerade in konservativen Kreisen Gehör verschaffen. Zahra Mostafawi, die

Tochter Ayatollah Chomeinis, ist Direktorin der „Gesellschaft für Frauen der Islamischen Republik"; sie setzt sich besonders für gleiche Ausbildungschancen ein. Im Anschluss an eine Rede wurde Mostafawi gefragt, ob sie Frauen das Studium der islamischen Wissenschaften empfehle. Sie erwiderte, dass Frauen lieber Ingenieure und Ärzte werden sollten, Mullahs habe das Land genug. Fateme Haschemi, die Tochter des ehemaligen iranischen Staatspräsidenten Rafsandschani, leitet eine dem Außenministerium angeschlossene Frauenorganisation und eine High-Tech-Klinik für Nierenpatienten. Ihre Schwester Faeze ist Leiterin der iranischen Organisation für Frauensport und stellvertretende Vorsitzende des Nationalen Olympischen Komitees. Faeze Haschemi erregte Aufsehen, als sie im Jahre 1993 die erste islamische Frauenolympiade organisierte. Einige islamische Länder hatten zur herkömmlichen Olympiade keine Frauen geschickt, weil dort die islamischen Bekleidungsvorschriften verletzt werden könnten. Dazu wollte Haschemi eine Alternative schaffen. In Iran fand die islamische Frauenolympiade mittlerweile schon zum zweiten Mal statt. Da der männlichen Öffentlichkeit der Zutritt verwehrt bleibt, können die Frauen in ganz normaler Sportkleidung antreten: also kein Hürdenlauf im Tschador.

Für Faeze Haschemi ist Sport ein wichtiger Schritt auf dem Weg zur Emanzipation; er vermittelt das Bewusstsein von körperlicher Stärke und damit ein neues Selbstbewusstsein. Neben ihrem Engagement für den Profisport versucht sie deshalb auch, unter der einfachen Bevölkerung das Interesse für Sport zu steigern. Sie organisiert Ausstellungen und wirbt auf Vorträgen im ganzen Land für den Frauensport.

Für Aufregung sorgte Haschemi im Frühjahr 1996: Damals schlug sie vor, man sollte, um dem Verkehrschaos in Teheran Herr zu werden, auch Frauen das Fahrradfahren erlauben. Bisher ist es ihnen untersagt, weil dabei die Konturen des Körpers sichtbar werden, was nach Ansicht orthodoxer Kreise unschicklich ist. Faeze Haschemi wurde wegen ihrer Forderungen sogar als Hure beschimpft; auch mit der unter Schiiten ungeliebten Prophetenfrau Aischa verglich man sie. An Teheraner Häuserwänden war der Reim zu lesen: „*Aesche ba shotor amad, Faeze ba motor amad* – Aischa kam mit dem Kamel, Faeze mit dem Motorrad." Konservative Kreise warfen Haschemi sogar vor, ihre Herkunft schamlos auszunutzen: „Wären Sie nicht die Tochter unseres geliebten Präsidenten", schrieb eine radikale Islamistenorganisation in einem offenen Brief, „so hätten Sie es gewiss nicht gewagt, derlei Worte auszusprechen. Ihr Vorschlag führt die muslimischen Frauen ins Verderben."

1998 gründete Haschemi eine Tageszeitung, die sich speziell an Frauen wandte und nur von Frauen gemacht wurde. Doch wie viele andere Zeitungen erregte auch *Zan* (Frau) bald das Missfallen der Konservativen. Revolutionsführer Ali Chamenei läutete schließlich im September 1998 in einer Rede das Ende der relativen Pressefreiheit ein. Er wandte sich gegen die Medien, die „die Pressefreiheit missbrauchen und die religiösen Überzeugungen des Volkes verletzen". Daraufhin wurden mehrere Zeitungen geschlossen und eine Reihe von Journalisten verhaftet. Auch Haschemi bekam eine Verwarnung: Sie habe in „verleumderischer Weise" berichtet – ein dehnbarer Begriff. Im Mai 1999 wies die Justiz schließlich die Tochter des ehemaligen Präsidenten in die Schranken. Ihre Zeitung wurde verboten. Der Richter beschuldigte Haschemi monarchistischer Umtriebe, denn sie hatte eine Grußbotschaft der Ex-Kaiserin Farah Diba zum iranischen Neujahrsfest am 21. März veröffentlicht.

Haschemi gehört zwar nicht im strengen Sinne zum Lager der iranischen Reformer, sie hat jedoch in den letzten Jahren einige Diskussionen über die Rechte von Frauen angestoßen. Die Gunst der Bevölkerung verspielte sie im Frühjahr 2000, als ihr Vater, der wie sie selber bei den Parlamentswahlen kandidiert hatte, wegen seiner Politik in die Kritik geriet. Weil sie sich nicht von der politisch und wirtschaftlich für das Land ruinösen Amtszeit Rafsandschanis distanzieren wollte, wurde sie bei den Parlamentswahlen, aus denen sie vier Jahre zuvor noch als eindeutige Gewinnerin hervorgegangen war, abgestraft. Sie bekam kein Mandat.

Einen wichtigen Anstoß aber hatte Haschemi der Debatte über das Präsidentenamt für Frauen gegeben. Sie hatte gefordert, dass auch Frauen dieses Amt offen stehen müsse. Bisher dürfen es nur Männer bekleiden. Erfolg war Haschemi mit ihrer Forderung zwar nicht beschieden; die Konservativen ließen das Thema schnell unter den Tisch fallen. Aber eine andere Frau setzte es pünktlich zu den Präsidentschaftswahlen im Mai 1998 wieder auf die Tagesordnung.

## Islamische Argumente für Frauenrechte

Auch Azam Taleqani, ist die Tochter eines berühmten Vaters. Mahmud Taleqani war einer der Väter der Revolution von 1978/79. Neben ihrer Tätigkeit in der „Islamischen Gesellschaft iranischer Frauen“ gibt Azam Taleqani die kritische Zeitschrift *Pajam-e hadschar* (Die Botschaft der Hagar) heraus, die wegen einiger kritischer Artikel von 1989 bis 1996 nicht erscheinen durfte. Außerdem leitet sie die Vereinigung der muslimischen Frauen Irans *(Moassase-ye zanan-e eslami-ye Iran).* Dort unterrichtet sie arme Frauen im Lesen und Schreiben, damit sie unabhängig von ihren Ehemännern für ihren Lebensunterhalt sorgen können. Auch in der Koranexegese werden die Frauen von Taleqani unterrichtet. Sie lehrt sie den Korankommentar ihres Vaters Ayatollah Mahmud Taleqani, *Partowi az qoran.* Häufig bezieht sich Taleqani auf die frauenfreundlichen Korandeutungen ihres Vaters, z. B. in Bezug auf das Erbrecht. Laut Vater und Tochter Taleqani steht einer

Tochter heutzutage dasselbe Erbe wie einem Sohn zu; denn die gesellschaftlichen Rahmenbedingungen, in denen das koranische Gesetz, das für die Tochter nur die Hälfte vorsieht, entstanden sei, hätten sich mittlerweile vollständig geändert. Heute würden Frauen zusammen mit dem Mann für den Lebensunterhalt der Familie sorgen. Außerdem müsse man nicht alles wörtlich nehmen, sondern den Geist des Gesetzes beachten. Schließlich habe der Koran den Frauen das Recht gegeben, überhaupt etwas zu erben in einer Zeit, in der neugeborene Mädchen lebendig begraben wurden, weil ihre Väter lieber einen Sohn gehabt hätten. Die Intention des Korans sei also damals eine Verbesserung der rechtlichen Situation der Frau gewesen. Und daran müsse man heute anknüpfen. Eine Neuinterpretation des Korans sei deshalb notwendig. Taleqani unterrichtet den Koran, weil sie möchte, dass die Frauen selber wissen, was im Koran steht. Damit ihnen die „Männer nicht ein X für ein U vormachen können. Die Männer interpretieren den Koran immer zu ihren eigenen Gunsten."

Um mit islamischen Argumenten für Frauenrechte streiten zu können wie Taleqani, muss man den Koran kennen und die Überlieferungen des Propheten. Argumente auf dieser Basis sind in Iran schlagkräftiger als die einer Feministin, die sich auf die universelle Menschenrechtserklärung beruft. Insofern ist es nützlich, dass mittlerweile auch Frauen zu Gelehrten des islamischen Rechts ausgebildet werden.

Mit der Revolution von 1978/79 drängten viele Frauen in Berufe, die ein religiöses Studium erforderten – beispielsweise den Beruf der Predigerin. Die Ausbildung der Frauen unterscheidet sich in nichts von der der Männer. Anders als ihre männlichen Kollegen dürfen sie bisher jedoch nicht als *marscha at-taqlid* (Quelle der Nachahmung) wirken und eine religiöse Gefolgschaft hinter sich scharen. Damit ist ihr Hochschulabschluss von geringerer gesellschaftlicher Bedeutung. Er berechtigt nicht einmal zu einer Positionen, die den männlichen Absolventen theologischer Hochschulen offen stehen, wie z. B. der Mitgliedschaft im Expertenrat.

Frauen wie Azam Taleqani machen den Männern ihr Monopol auf die Koranauslegung streitig. In ihrem Unterricht führt die resolute über Sechzigjährige ein strenges Regiment. Den Errungenschaften der Revolution steht sie durchweg kritisch gegenüber. Ihrer Meinung nach hat die Revolution den Frauen nur Armut und Polygamie gebracht. Auch ihr Beispiel belegt, dass Verschleierung und der Kampf für Gleichberechtigung einander nicht ausschließen müssen. Die streng verschleierte Taleqani hat sich selbst deutlich gegen den Kopftuchzwang gewandt. Der *Iran Times* sagte sie bereits am 4. Juli 1980, als die parlamentarische Gesetzesvorlage eingebracht wurde, die die Zwangsverschleierung für alle Frauen vorsah, dass man Frauen nicht „mit dem Bajonett" zwingen sollte, den Tschador zu tragen. Sie müssten selbst entscheiden, wie sie sich „anständig und sittsam" kleiden wollen.

## Die Ämterfrage

Taleqani wollte, wie sieben weitere Frauen auch, für die Präsidentschaftswahl vom 23. Mai 1997 kandidieren. Alle Kandidaturen von Frauen wurden jedoch vom Wächterrat mit Verweis auf die Verfassung abgelehnt. Allerdings äußert sich die Verfassung nicht eindeutig zu der Frage, ob Frauen das Präsidentenamt einnehmen können oder nicht. Chomeini jedoch hat dies ausdrücklich abgelehnt. Neben dem Wort Chomeinis, an dem viele festhalten, verhindert die Auslegung eines bestimmten Wortes in der iranischen Verfassung, dass Frauen das Präsidentenamt erhalten können. Es heißt dort, es sei den *redschal-e sijasi* vorbehalten. Dieser Terminus könne jedoch, so Taleqani, sowohl „politische Persönlichkeiten" als auch „politische Männer" bedeuten – letzteres behaupten die Konservativen.

Taleqani hält diese Lesart für falsch. Sie zitiert eine Reihe von Koranversen, in denen, wenn das Wort *redschal* verwendet wird, Frauen und Männer gemeint sind. Und sie argumentiert, dass es weder dem Koran noch dem islamischen Recht widerspricht, wenn Frauen gesellschaftliche Verantwortung übernehmen.

Die Frage, welche politischen Ämter Frauen einnehmen dürfen, wurde auch im Zuge der Wahlen zum Expertenrat *(schora-ye chobregan)* wieder zum Thema. Der Expertenrat wählt laut iranischer Verfassung den Revolutionsführer und kann ihn gegebenenfalls auch wieder absetzen (Artikel 107–111). Das Gremium besteht aus 86 Juristen des islamischen Rechts, die vom Volk gewählt werden. Der letzte Expertenrat wurde am 25. Oktober 1998 gewählt. Für die Wahl hatten sich 396 Kandidaten beworben, doch der Wächterrat, dem die Auswahl der Kandidaten obliegt, ließ nur 167 Bewerber zu. Vor allem die Reformer um den moderaten Präsidenten Chatami wurden als nicht qualifiziert für dieses Amt bezeichnet. Auch die Kandidatur von neun Frauen wurde abgelehnt, obwohl ein prominentes Mitglied des Wächterrats, Ayatollah Kaschani, verkündet hatte, es gebe kein gesetzliches Hindernis für Frauen, wenn diese „die moralischen Ansprüche erfüllen" sowie eine ausreichende theologische Qualifikation hätten. Im Vorfeld hatten die Frauen in Zeitungen und Zeitschriften immer wieder das passive Wahlrecht für sich gefordert.

Sie scheiterten bei dieser Wahl genauso, wie bei der Präsidentschaftswahl im Jahr 2000, bei der ebenfalls mehrere Frauen kandidieren wollten. Nachdem bekannt geworden war, dass Schirin Ebadi den Nobelpreis bekommen wird, forderten viele, sie solle für die nächsten Präsidentschaftswahlen im Sommer 2005 kandidieren. Fraglich ist aber nicht nur, ob der Wächterrat ihrer Kandidatur zustimmen würde. Fraglich ist auch, ob die iranische Gesellschaft reif wäre für eine Frau an der Spitze des Staates. Selbst im Falle mancher westlicher Staaten sind hier Zweifel geboten.

Andererseits wäre sie nicht die erste Frau in der islamischen Welt, die einer Regierung vorsteht. In Pakistan, der Türkei und in Bangladesh gab es bereits Präsidentinnen. Und sicherlich würde Ebadi es schaffen, all diejenigen Wähler zu mobilisieren, die sonst zu Hause bleiben würden, weil sie das Vertrauen in Reformen von innen verloren haben. Ebadi selber hat allerdings bereits ausgeschlossen, in die Politik zu gehen. „Ich werde nie in die Politik gehen", sagte sie, „weil wer immer sich für Menschenrechte einsetzt, per se nicht auf der Seite der Regierung steht. Die Menschenrechte stellen eine Gegengewalt dar." Sicher ist freilich auch, dass ihre Kandidatur eine interessante Debatte zum Thema Frauenrechte anstoßen würde.

Wichtiger als die erlittenen Rückschläge ist jedoch die Vehemenz, mit der die Diskussion um Gleichberechtigung in Iran inzwischen geführt wird. Es scheint, als sei, trotz der häufig zu vermeldenden Rückschläge, unter den gegebenen Bedingungen in der Islamischen Republik der islamisch begründete Feminismus die einzige realistische Alternative. Heutzutage betonen Frauenrechtlerinnen wie Schirin Ebadi, der Islam sei so sehr oder so wenig frauenfeindlich wie alle anderen Religionen auch. Es gelte hier wie überall: Rechte werden einem nicht gegeben, man muss sie sich nehmen. Die Zeiten haben sich geändert, und auch die Auslegung des Korans muss sich ändern; dies ist der einfache, aber programmatische Slogan der neuen Bewegung islamischer Frauenrechtlerinnen. Für dieses Programm steht Schirin Ebadi. Es ist der Kern einer vorwärts weisenden Entwicklung.

# Die Revolution der Frauen

## Aufstand im Tschador

„Ich habe immer an die Revolution geglaubt, die wir gemacht haben“, sagt Schirin Ebadi noch heute. Der wesentliche Anteil, den die Frauen am Sieg der Revolution von 1978/79 hatten, ist für Frauen wie sie ein weiteres Argument dafür, dass man ihnen jetzt ihre Rechte nicht vorenthalten darf. „Ohne uns hätte es keine Revolution gegeben, genauso wie es ohne uns keinen Reformpräsidenten gegeben hätte“, sagt Ebadi. Die Masse der iranischen Frauen hat sich durch die Revolution verändert. Die Revolution hat sie politisiert; sie hatte ihnen Befreiung oder zumindest einen Platz in der Gesellschaft versprochen. Auch die Frauen beteiligten sich maßgeblich am Sturz des Schahs. Die Iranistin Nikki Keddie beschreibt in ihrem Buch *Roots of Revolution*, dass die überwältigende Mehrheit der Frauen bei den Demonstrationen von 1978 traditionell Gekleidete im Tschador waren. Sie seien in den Prozessionen mitgegangen. Denn eigentlich waren die Demonstrationen zuerst „nur“ Trauerprozessionen. Und daran nahmen die Frauen teil, weil sie dies immer getan hatten. Doch nun bekamen diese Prozessionen eine politische Bedeutung; sie nahmen den Charakter von politischen Kundgebungen an. Laut Keddie brachten gerade die traditionell muslimisch aussehenden Frauen die Polizei und das Schah-Regime in einen schwierigen Gewissenskonflikt. Sie waren Mütter, die um ihre Kinder trauerten und den Soldaten entgegenriefen: „Wenn du uns tötest, tötest du deine eigene Mutter.“ Auf diese Frauen zu schießen fiel den Soldaten schwer.

Weil während der Revolution auch viele emanzipierte Frauen Ayatollah Chomeini zu ihrem Führer wählten, machte man ihnen später immer den Vorwurf, sie hätten Chomeini realistischer einschätzen müssen. Schließlich seien seine Positionen zu Demokratie, Frauenrechten, Menschenrechten etc. hinlänglich bekannt gewesen. Beziehungsweise wenn sie schon nicht bekannt waren, so waren sie zumindest zugänglich und man hätte sich informieren müssen. Dass dies nicht geschah, erklären Frauenrechtlerinnen wie die verstorbene Parwaneh Eskandari mit den Wirren der Revolution und Chomeinis extrem aufgeschlossenen und demokratischen Äußerungen in den letzten Monaten davor. Von seinem Exilort Neuphle-le-Château bei Paris hatte er ja kurz vor dem Sieg der Revolution in einem Interview mit der Zeitung *Le Monde* die bereits einmal zitierte Erklärung abgegeben, er strebe ein System an, in dem alle Teile der Bevölkerung frei und unabhängig seien. Pressefreiheit und Wohlstand für das ganze Volk hatte er ebenfalls versprochen.

Außerdem wollten nicht alle Ideologen der Islamischen Revolution die Frauen aus dem öffentlichen Leben aussperren. Zu ihnen gehörte etwa Ali Schariati, ein Denker, der vor allem auf die jungen Intellektuellen großen Einfluss hatte. Das zentrale Thema des Soziologen war, dass der Westen nur an seinem eigenen Vorteil interessiert ist und sich die islamische Welt untertan zu machen versucht, indem er willfährige Handlanger wie den Schah als Herrscher einsetzt. Schariati, der die Revolution nicht mehr erleben sollte, weil er 1977 in Paris umgebracht wurde, hatte Ende der fünfziger Jahre in Frankreich studiert, lernte dort den großen Kritiker des Kolonialismus, Frantz Fanon, kennen und übersetzte dessen berühmtes Werk *Die Verdammten dieser Erde* ins Persische. Ali Schariati wurde vor allem wegen seiner Kritik am Westen und seinem Bestreben, einen eigenen, einen dritten Weg zu begründen, zum Vordenker und wichtigsten Ideologen der Revolution.

Enttäuscht von Kapitalismus, Kolonialismus und Kommunismus wandte er sich dem Islam zu: Die Essenz seiner Interpretation des Islams war, dass sich die Muslime im Kampf gegen die

Übermacht nur auf ihre islamische Identität besinnen müssten. Schariati wollte, dass die islamischen Länder zu ihren eigenen Wurzeln zurückkehren, dies nannte er den Dritten Weg, den Weg zwischen Kommunismus und Materialismus. Als Denker, der im Westen ausgebildet war und einen modernen Islam verkörperte, war er wegweisend für die Generation junger islamischer Intellektueller, die heute wie Schirin Ebadi meinen, um ihre Revolution betrogen worden zu sein. Hätte Schariati sie noch erlebt, wäre er wohl auch betrogen worden. „In dieser Islamischen Republik", sagte seine Frau einmal, „säße mein Mann sicher im Gefängnis." Man glaubt es ihr, wenn man sieht, wie noch heute das Teheraner Wohnhaus Schariatis vor extremistischen Gewalttätern gesichert werden muss. Von hohen Mauern und Stacheldraht umgeben, lebt Puran Schariati alleine dort, ihre Kinder sind längst ins Ausland gegangen.

Auch wenn zweifelhaft ist, ob Schariati ein großer Demokrat geworden wäre, war seine Interpretation des Islams zur damaligen Zeit doch in Frauenfragen revolutionär. Denn er propagierte nicht das Heimchen am Herd, sondern die gesellschaftlich aktive Frau. Er hatte er sich dabei von europäischen Frauen, den Frauen inspirieren lassen, die er bei seinem Studium in Frankreich getroffen hatte. Schariati wollte emanzipierte Frauen, er bezweifelte aber, dass Emanzipation sei, wie sich die Situation der Frauen in Iran in jener Zeit darstellte. Nur durch das Ablegen des Kopftuches – das Reza Schah im Jahre 1936 hatte verbieten lassen – emanzipiere sich eine Frau nicht, sagte Schariati. In Iran seien die Frauen nur zu Püppchen geworden, um den Männern zu gefallen. Er zeichnete das Bild einer Frau, die selber denken und sich selber versorgen kann. Und auch die gleichen Rechte hat wie der Mann. Damit stellte er seinen Landsleuten auch einen anderen Typ „europäischer Frauen" vor, als man damals in Iran kannte, und machte Emanzipation selbst für traditionell denkende Väter attraktiv.

Schariati schrieb ein Buch über die Prophetentochter, *Fatima ist Fatima*: Das Bild der Fatima als Vorbild der selbstbewussten, starken Frau greifen iranische Frauenrechtlerinnen heute wieder auf. Die iranischen Konservativen reagieren darauf mit einem vollkommen anderen Bild der Prophetentochter. Sie kehren Charaktereigenschaften wie ihre Sanftmut und ihre häuslichen Qualitäten hervor und wie sie immer ihren Vater umsorgt habe. Tatsächlich wird Fatima auch *Umm Abiha*, die Mutter ihres Vaters genannt. Für Schriati jedoch war sie eine Frau, die kämpfen konnte.

Das gilt auch für eine Frau, die heute von vielen jungen iranischen Frauen als Rollenmodell gewählt wird, für Forugh Farrochzad. Die Dichterin starb 1967 bei einem Autounfall. Heute erlebt ihre Lyrik, die schon zu ihren Lebzeiten viele schockierte, eine Renaissance unter jungen Iranerinnen. Farrochzads Poesie provozierte die Öffentlichkeit nicht nur durch ihren ungewöhnlichen Stil; vor allem die Freimütigkeit, mit der sie weibliche Empfindungen beschrieb, erregte Anstoß. Sie schrieb in offener, unverhüllter Sprache über ihre Sexualität und brach alle Konventionen. Das war ihr Kampf gegen die Männergesellschaft.

## Die Säkularistinnen

Schirin Ebadis Argumentationsstrategie wird nicht von allen iranischen Frauenrechtlerinnen geteilt. Aber die Suche nach der eigenen Identität und die gesellschaftspolitische Reformdynamik verbindet beide Gruppen. Frauen kämpfen selbstverständlich auch mit säkularen Argumenten für ihre Rechte. Ebadis Freundin Schahla Lahidschi beispielsweise: Sie stammt aus einer Akademikerfamilie, aus der in den fünfziger Jahren als „modern und verwestlicht" geltenden iranischen Mittelschicht. Ihr Vater hatte in Europa studiert, ihre Mutter gehörte zu den ersten Frauen, die in

Iran in den Staatsdienst aufgenommen wurden. Schon früh, bereits mit fünfzehn Jahren, begann Schahla Lahidschi Beiträge für Zeitungen und Zeitschriften zu schreiben. Mit sechzehn ging sie zum Rundfunk, übernahm eine hohe Position beim Nationalen Frauenrat und wurde als jüngstes Mitglied in den Internationalen Verein der Schriftstellerinnen und Journalistinnen aufgenommen. 1962, mit 20 Jahren, legte sie jedoch aus Protest gegen das neue Familienrecht des Schahs, das sie als Scheinreform bezeichnete, alle ihre öffentlichen Ämter nieder. Lahidschi begann ein Soziologiestudium und forschte wissenschaftlich. Sie untersuchte die Lebensbedingungen in den so genannten Hurenvierteln verschiedener Städte Irans. Das umfangreiche Werk trug den Titel „Die organisierte Prostitution."

Nach der Revolution von 1978/79 machte sich Lahidschi als profilierte Kritikerin der Frauenunterdrückung einen Namen. Heute leitet sie neben dem Verlag *Rouschangaran* (Aufklärer), der überwiegend Frauenliteratur herausbringt, auch ein Frauenforschungsinstitut. Mit dem Verlag ist sie regelmäßig auf der Frankfurter Buchmesse vertreten. In ihm verlegt sie auch die Werke ihrer Freundin Schirin Ebadi.

Lahidschi, die vor zwei Jahren den Friedenspreis des Internationalen Schriftstellerverbandes PEN erhielt, beruft sich eher auf die allgemeine Erklärung der Menschenrechte statt auf den Koran, wenn sie gleiche Rechte für Mann und Frau fordert. Doch obwohl sie die Begründung durch den Koran kritisch sieht, lässt sie sie gelten: Jeder solle sich die Waffen, mit denen er kämpft, selber aussuchen. Mit welcher Argumentation ihre Ziele erreicht werden, findet sie nicht so wichtig: Das Ergebnis zählt. Auf völlige Ablehnung stoßen bei Schahla Lahidschi hingegen die westlichen Argumentationsmuster; und darin sind sich die iranischen Frauen einig, unabhängig davon, ob sie säkular oder islamisch argumentieren. Sie alle meinen, die Probleme der iranischen Frauen müssten mit „unseren eigenen Rezepturen geheilt werden“, wie Lahidschi formuliert, „nicht mit den Rezepten des Westens“. Worin sich aber diese Rezepturen unterscheiden, eine Antwort auf diese Frage bleibt auch Lahidschi schuldig.

Unterscheiden sich die Probleme westlicher und orientalischer Frauen tatsächlich so sehr? Natürlich gibt es viele Unterschiede, und die Frauen Irans können sich nur wundern über die vergleichsweise privilegierte Situation, aus der heraus die Westlerinnen argumentieren, aber geht es nicht beiden vor allem um eine rechtliche Gleichstellung? Und wenn ja, welche sollen dann die „unterschiedlichen Rezepturen“ sein? Was Lahidschi aufstößt, ist vor allem die Überheblichkeit der westlichen Feministinnen. Dieses „ihr werdet es schon schaffen, so zu werden wie wir“, hört sie nicht gerne. Die europäischen Frauen erheben ihre Maßstäbe damit zu allgemein gültigen.

Hinzu kommt eine taktische Überlegung: Zwar ist die Argumentation Lahidschis explizit säkular und gilt damit als „westlich“. Dennoch – oder gerade deswegen – lässt auch sie sich nicht gerne als Säkularistin bezeichnen, denn der Begriff Säkularismus wird in Iran oft mit Atheismus gleichgesetzt. Dies ist aber ein Vorwurf, den sich in einem Land, in dem alle gesellschaftlichen Sphären von der Religion bestimmt werden, niemand zuziehen möchte. Ebenso wird der Terminus „Feministin“ in Iran meist falsch verstanden, betont Lahidschi, denn er klingt zu sehr nach westlichem Vorbild.

Auch Schirin Ebadi lässt sich nicht gerne als Feministin bezeichnen, aber aus einem anderen Grund: „Wenn ich schon kategorisiert werden muss, dann würde ich es vorziehen, als Menschenrechtsverteidigerin bezeichnet zu werden. Denn Menschenrechte setzen sich auch für Gleichheit und Gerechtigkeit der Geschlechter ein sowie der Religionen, der Rassen und so weiter. Als Menschenrechtsverteidiger befürwortet man ohnehin die rechtliche Gleichstellung der Geschlechter."

Dezidiert säkular argumentiert auch eine andere wichtige Frauenrechtlerin, die *Grande Dame* der persischen Poesie, Simin Behbahani, die kämpferischste unter den iranischen Dichterinnen. „Um zu überleben, muss man das Schweigen vernichten." Unter diesem Motto, einem Zitat von Behbahani, bekam sie im Jahre 2000 die Carl-von-Ossietzky-Medaille. Damit wurde sie als Mensch geehrt, der sich im Kampf für die Menschenrechte besonders hervorgetan hat.

Simin Behbahani gehörte 1994 zu den Initiatoren des „Textes der 134", mit dem iranische Autoren gegen die Zensur protestierten und auch international großes Aufsehen erregten. Außerdem war sie maßgeblich an der Gründung des Schriftstellerverbandes beteiligt, dessen Vorsitz Schirin Ebadi als Autorin verschiedener Sachbücher jahrelang innehatte. Der Verband war bis vor kurzem verboten, kämpfte aber um seine offizielle Registrierung. Um sie zu verhindern, hatte der iranische Geheimdienst im Herbst 1998 Dschafar Pujandeh und Mohammad Mochtari zwei Gründungsmitglieder, zwei weitere Opfer der Kettenmorde entführt und umgebracht. Bei Behbahani hatten Einschüchterungsversuche jedoch keinen Erfolg. Als sich der Verband im Jahre 2000 endlich offiziell gründete, ließ sie sich in den Vorstand wählen.

Behbahanis Bücher wurden in Iran nach der Revolution von 1979 zensiert und verboten, sie selber in den Staatsmedien als Hure beschimpft, weil sie ihrem Publikum bei einem Auftritt in Europa Kusshände zugeworfen hatte. Und als sie von Chatamis Kulturminister erstmals nach Jahren wieder die Erlaubnis bekam, eine Lesung abzuhalten, griffen die Konservativen zum Mittel der Sabotage. Sie ließen das Licht im Saal abschalten. Das hielt Behbahani allerdings nicht von der Lesung ab. Liebesgedichte kämen im

Dunkeln ohnedies besser zur Geltung, verkündete die Fünfundsiebzigjährige und zündete ein Streichholz an. Dass die Konservativen Behbahani nicht wohl gesonnen sind, kommt nicht von ungefähr. Die streitbare alte Dame lässt kaum eine Gelegenheit aus, um ihre Forderungen zu formulieren, z. B. gegen die Zensur.

## Schulterschluss gegen Patriarchen

Konfrontiert mit einem patriarchalen System wagen religiös und säkular argumentierende Iranerinnen den Schulterschluss. Auch dezidiert säkular argumentierende Frauen wie die Anwältin Mehrangiz Kar publizieren heute in *Zanan*, der Zeitung von Schahla Scherkat. Sie alle kämpfen den gleichen Kampf – wenn auch mit unterschiedlichen Waffen. Und deshalb fühlen sie sich auch alle ausgezeichnet durch den Preis, der Schirin Ebadi zuerkannt wurde. „Es scheint uns so, als ob wir alle mit dem Friedenspreis geehrt worden sind“, sagte ein Oppositioneller und Freund Ebadis. „Es ist wie ein Licht in einem Meer von Dunkelheit.“ Mehrangiz Kar, eine säkulare Intellektuelle, hat sich besonders gefreut, sie ist die beste Freundin von Ebadi. Und nicht nur das: Die beiden Anwältinnen verteidigen sich auch immer gegenseitig vor Gericht, wenn sie die konservativ dominierte Justiz wieder einmal unter Anklage stellt.

Mehrangiz Kar zählt heute zu den populärsten Frauenrechtlerinnen Irans. Sie trat nach der Revolution aus dem Staatsdienst aus und wurde Rechtsanwältin. Seither setzt sie sich unermüdlich für die Rechte von Frauen ein. In den vergangenen zwanzig Jahren hat sie durch ihre zahlreichen Publikationen und Vorträge in der Öffentlichkeit auf die ungleiche Stellung der Frau aufmerksam gemacht. Unter anderem hat sie wiederholt auf den Widerspruch hingewiesen, mit dem die Frauenpolitik der Islamisten behaftet ist: „Einerseits werden Frauen zur politischen Aktivität aufgefordert, ja sie sollen sogar als Avantgarde der politischen Entwicklung auftreten. Andererseits versperrt man ihnen mit Gesetzen den Weg. Wir erfahren täglich die Bitterkeit dieses Widerspruchs.“

Mehrangiz Kar ist wie viele säkulare Intellektuelle mittlerweile davon überzeugt, dass die Islamische Revolution die Stellung der Frauen in mancherlei Hinsicht verbessert hat. Heute gibt es viele Frauen, die aus traditionellen Familien kommen und dennoch studieren und am politischen, sozialen und wirtschaftlichen Leben teilnehmen. Ähnlich sieht es Schirin Ebadi: „In der Schah-Zeit lag der prozentuale Anteil von Frauen in den Universitäten bei allerhöchstens 25 Prozent. Traditionelle Familien waren der Meinung, ihre Töchter würden verdorben, säßen sie auf der gleichen Schulbank mit einem Jungen, also haben sie solche Gründe dazu genutzt, um ihre Töchter nicht auf die Universität zu schicken. Als die islamische Regierung an die Macht kam, wurde diese Ausrede den Männern aus der Hand genommen. Und das hat dazu geführt, dass immer mehr und mehr Töchter und Schwestern die Erlaubnis erhalten haben zu studieren. Heute sind 63 Prozent der Studenten Irans Frauen. Eine sehr hohe Zahl. Aus dieser Perspektive gesehen, hat die Revolution den Frauen Fortschritt gebracht.“

Zwar sind die iranischen Frauen seit der Revolution mit einem Rechtssystem konfrontiert, das sie als Menschen zweiter Klasse behandelt. Die Schlussfolgerung, sie würden auch im alltäglichen Leben so gesehen, ist jedoch nicht richtig. Iranischen Frauen mangelt es nicht an Selbstbewusstsein, und ihnen wird sehr viel Achtung und Respekt entgegengebracht. Dass iranische Männer auf ihre Frauen herabblicken und sie als minderwertig sehen, ist ein weiteres westliches Klischee. Solche Klischees entstehen durch die Berichterstattung über Iran, die oft nichts anderes sehen will als das, was man sich dachte und durch Bücher wie Betty Mahmoodys Buch *Nicht ohne meine Tochter*. Bis heute bestimmt es das Bild, das viele von den iranischen Frauen haben.

## Dem Rechtssystem ein Schnippchen schlagen

Der Alltag nicht weniger iranischer Frauen sieht so aus: Sie gehen eigenständig ihrem Beruf oder ihren Freizeitaktivitäten nach, widersprechen ihren Männern und kümmern sich selbstverantwortlich um ihre Geschicke. Die Wirklichkeit straft alle Klischees Lügen. Tante Nassrin beispielsweise geht jeden Morgen mit ihren Freundinnen *walken*, wenn sie sich nicht gerade um so unerfreuliche Dinge kümmern muss wie die Reparatur des Autos. Das ist ihr Job, nicht der ihres Mannes Parwiz, weil sie den Wagen auch immer steuert. Parwiz sei so unkonzentriert. Dafür backt Parwiz die Kuchen für die Familie, Nassrin hasst Süßes. Die Knöpfe annähen muss er auch: Die starke Raucherin Nassrin ist dazu viel zu zittrig, und zum Bügeln ist sie zu unordentlich. Um das iranische Erbrecht zu umgehen, das Nassrin im Todesfalle von Parwiz fast leer ausgehen lassen würde, hat er ihr das gesamte Eigentum – Haus, Auto, Telefon – überschrieben. Ihm gehört jetzt nur noch wenig mehr als das Hemd, das er am Leibe trägt. Auch das ist iranische Realität – und sie ist keine Ausnahmeerscheinung. Gerade weil die rechtliche Situation der Frauen nicht die tatsächliche Wirklichkeit widerspiegelt und iranische Frauen von ihren Männern nicht als minderwertig wahrgenommen werden, versuchen viele, dem Rechtssystem ein Schnippchen zu schlagen. So auch die Männer, die ihren Frauen im Ehevertrag ein absolutes Scheidungsrecht zusichern. Nach iranischem Recht dürfen sich Frauen – außer unter bestimmten Voraussetzungen – nicht scheiden lassen. Deshalb legen viele es vorher vertraglich fest, denn so ein Vertrag hat vor dem geltenden Recht Priorität. Dass ein Ehemann seiner Frau ein Recht *gibt,* und sie es nicht einfach *hat,* wird keine westliche Feministin beruhigen. Aber es zeigt: Viele westliche Vorurteile über die tatsächliche Stellung der Frau treffen im Alltag der iranischen Gesellschaft einfach nicht zu.

Ein wesentlicher Faktor für die Bewusstseinsbildung der islamischen Frauen war paradoxerweise gerade die religiöse Autokratie; sie provozierte die Forderungen nach Gleichberechtigung durch ihre rigide, frauenfeindliche Politik. Dieser Auffassung schließen sich inzwischen auch einige kritische Wissenschaftlerinnen an. Ziba Mir-Hosseini beispielsweise betont, dass – und zwar im Gegensatz zu der in der frühen feministischen Literatur verbreiteten Meinung – die Islamische Revolution auch durchaus emanzipatorische Auswirkungen hatte. Sie habe – auch wenn es zynisch klingt – erst den Weg für ein öffentliches feministisches Bewusstsein bereitet.

Und was das Wichtigste ist: Die Frauen gehen wählen und besetzen politische Ämter. Ihre Erfolge im Parlament sind für iranische Verhältnisse und vor allem verglichen mit weiten Teilen der islamischen Welt beachtlich. Tatsächlich ist der rechtliche Status der iranischen Frauen weit besser als beispielsweise der der Marokkanerinnen, die demnächst das Wahlrecht bekommen sollen. Oder der Frauen in Saudi-Arabien, die bis heute nicht Auto fahren dürfen.

Dem Kampf der iranischen Frauenrechtlerinnen waren in den vergangenen Jahren durchaus einige Erfolge beschieden. Aufgrund einer Kampagne Schirin Ebadis bekommen Frauen neuerdings nach der Scheidung eine Abfindung für die Arbeit, die sie während der Ehe geleistet haben. Manche Gesetze stellen sogar eine Verbesserung gegenüber denen dar, die in der Schah-Zeit eingeführt und in der Islamischen Republik wieder abgeschafft wurden. Anstelle des „Gesetzes zum Schutz der Familie“ von 1962 wurde z. B. im Jahre 1992 ein Gesetz beschlossen, das die Ehescheidung für Männer erschwert. In Anbetracht der Tatsache, dass Frauen immer noch finanziell weitestgehend abhängig von ihren Männern sind, ist es sinnvoller als das Gesetz aus der Schah-Zeit, das Frauen die Scheidung erleichterte. Schirin Ebadi sieht die Situation der Frauen in der Schah-Zeit, als die Frauen angeblich so viel mehr Rechte hatten, eher kritisch: „Auch vor der Revolution war die rechtliche Situation der Frauen in Iran nicht angemessen, aber eben in anderer Weise. Den Zustand der Frauenrechte muss man basierend auf Grundrechten beurteilen. Was bringt es, wenn wir einer Frau das Recht auf Scheidung, aber nicht das notwendige Recht für Unterhaltskostenzahlungen durch ihren Ex-Mann einräumen? Eine Frau, die sich scheiden lässt und nicht erwerbstätig ist: Das ist ein Urteil zum Verhungern. Vor der Revolution hatten die Frauen mehr Rechte in einigen Bereichen, und nun haben sie in anderen Bereichen mehr Rechte. In jedem Fall verdienten Frauen damals und verdienen sie auch jetzt bessere Rechte."

Andere Verbesserungen wurden vorgenommen: So wurde ein viermonatiger Mutterschutz eingeführt; per Gesetz wurden gleiche Arbeitschancen für Männer und Frauen festgeschrieben, die Abtreibung wurde erlaubt, wenn das Leben der Mutter gefährdet ist. Vor allem aber wurde den Frauen der Eintritt ins Berufsleben durch die neue Bevölkerungspolitik erleichtert: Als Maßnahme gegen die Bevölkerungsexplosion bekommt seit Anfang der neunziger Jahre das vierte Kind einer Familie keine Lebensmittelcoupons mehr; damit wurde die Politik der achtziger Jahre, der zufolge sich Frauen hauptsächlich dem Gebären von Kindern widmen sollen, gestoppt. Das Kinderkriegen wird nicht mehr staatlich gefördert und verliert in der Gesellschaft an Akzeptanz. Mit einem religiösen Rechtsgutachten wurde den Familien hochoffiziell gestattet, Verhütungsmittel zu benutzen. Familienplanung gilt nun als religiös erlaubt und ist erklärtes Politikziel. Verhütungsmittel sind überall frei erhältlich, auch ohne Rezept. Neuerdings müssen sich Paare, die heiraten wollen, einem sechsstündigen Kurs unterziehen, der sie über die verschiedenen Verhütungsmittel informiert, die staatlichen und nichtstaatlichen Frauenorganisationen betreiben Aufklärungsarbeit, und in Teheran verkünden Schriftzüge auf öffentlichen Gebäuden die Vorteile der Kleinfamilie.

Schirin Ebadis Kampf und der Kampf ihrer Mitstreiterinnen trägt Früchte.

# Der Präsident der Frauen und der Andersdenkenden

## Frauenrechte auf der Agenda

Wie die meisten Intellektuellen und der größte Teil der Bevölkerung – vor allem der weiblichen – hatte Schirin Ebadi große Hoffnungen in die Amtszeit Mohammad Chatamis gesetzt. Vertraute sagen heute von ihr, auch sie sei enttäuscht von dem iranischen Präsidenten. Doch in der Öffentlichkeit verurteilt sie ihn nicht. Es sei nicht seine Schuld, dass die Reformen so schwer vorankämen, erklärte sie der *BBC*, kurz nachdem ihr der Nobelpreis zuerkannt worden war. Von ihr ist kein kritisches Wort über den Präsidenten zu hören. Sie kritisiert auch nicht ihn dafür, dass es bis heute, wie sie sagt, „nicht einfach ist, in Iran eine Frau zu sein". Auch nicht dafür, dass Chatami versprochen hatte, das zu ändern, und deshalb unter westlichen Journalisten bald das Wort vom „Frauenpräsidenten" die Runde machte. „Ich kann warten", sagt Ebadi. Und sieht dabei ganz siegessicher aus. Nur ganz vorsichtig gibt sie zu bedenken, Chatami habe eine historische Chance gehabt – und sie verspielt.

Ist Mohammad Chatami also der Präsident der Frauen? Frauen in Iran bejahen die Frage, *sie* hätten ihn damals zum Präsidenten gemacht. Er war der erste iranische Präsidentschaftskandidat, auf dessen politischer Agenda Frauenrechte standen. Im Wahlkampf hatte er erstaunlich emanzipatorische Töne angeschlagen: Ein Ministeramt könne mit einer Frau besetzt werden. Er sprach sich sogar dafür aus, den Frauen das Amt des Staatspräsidenten zugänglich zu machen. Deshalb, weil er – wie die Herausgeberin der Frauenzeitschrift *Zanan*, Schahla Scherkat, es formulierte – in den Frauen die Hoffnung auf eine bessere Zukunft wecken konnte, wurde Chatami am 23. Mai 1997 vor allem mit den Stimmen von Frauen zum Präsidenten gewählt.

Der iranische Schriftsteller Huschang Golschiri beschrieb nach der Wahl Chatamis in einem Artikel für das deutsche Publikum, was Chatami von seinen Gegenkandidaten unterschied und was ihm gerade die weibliche Wählerschaft in die Arme trieb: „Ich weiß, dass er während seiner Amtszeit als Leiter der Nationalbibliothek seine weiblichen Mitarbeiterinnen wie gleichwertige Geschöpfe behandelte. Wissen Sie, dass man es dort zur Sitte erhoben hat, einer Frau nicht in die Augen zu sehen, selbst wenn sie einem gegenüber sitzt. Man schaut auf den Boden oder an die Wand. Es ist, als ob man sein Gegenüber nur als Objekt begreift: Wenn ich es ansehe, werde ich es begehren. Ich habe viele Frauen gesehen, die nach solchen ‚Begegnungen' geweint haben. Bis jetzt ist Chatami nicht so."

In seinem Herausforderer Ali Akbar Nateq Nuri sahen Scherkat und ihre Mitstreiterin dagegen, so die Journalistin Azadeh Kian, „eine Art afghanischen Taliban – und sie taten ihr Möglichstes, um den Sieg dieses radikal-islamischen Kandidaten zu verhindern". Chatamis Wahlkampf unterstützte *Zanan* tatkräftig. Scherkat veröffentlichte ein langes Interview mit Chatami, in dem er sich ausführlich zu Fragen wie der Frauenbildung und dem Präsidentschaftsamt für Frauen äußerte. Vor allem seine Aussagen über die emanzipierte Stellung der Frauen in seiner Familie ließen ihn die Herzen der Frauen gewinnen.

Dass Chatami von so vielen Frauen gewählt wurde, zeigt auch, dass die Frauen, die eine Verbesserung der Frauenrechte wollen, keine „verwestlichte" Minderheit sind – wie von ihren Gegnern behauptet. Im Gegenteil, eine Mehrheit der iranischen Frauen wünscht sich ganz offensichtlich Reformen.

Wer jedoch hoffte, unter Chatami werde sich die rechtliche Situation der Frau entscheidend bessern, wurde enttäuscht. Allerdings kann er keine Gesetze erlassen, dafür ist das Parlament zuständig. Das Parlament allerdings war bis zum August 2000, also in den ersten drei Jahren der Amtszeit Chatamis, von den Konservativen dominiert. Dieses konservative Parlament verabschiedete in Chatamis Amtszeit sogar einige Gesetze, die als massive Rückschläge bezeichnet werden müssen: Beispielsweise sieht eines vom Frühjahr 1998 vor, dass Frauen nur noch von weiblichen Ärzten behandelt werden dürfen. Das führt in einem Land, in dem die ärztliche Versorgung nur unzureichend gewährleistet wird und nicht genügend weibliche Ärzte vorhanden sind, zu größten Schwierigkeiten.

Ein weiteres in dieser Zeit verabschiedetes Gesetz sieht vor, dass Frauen und Männer auch in Minibussen und Überlandbussen getrennt sitzen müssen, in den Stadtbussen war dies bereits vorher Vorschrift. Chatami kommentierte dieses Gesetz mit den Worten, der Versuch, Frauen und Männer in jedem gesellschaftlichen Bereich zu separieren, sei gegen die Natur des Menschen. Geändert haben seine Einwände allerdings nichts. Auch später, nachdem die Reformer im Parlament im August 2000 die Mehrheit errangen, sorgte der Wächterrat dafür, dass keine allzu reformerischen Gesetze verabschiedet wurden.

Das neue Parlament hat seit seiner Konstituierung einige Versuche unternommen, Frauen mehr Rechte zu geben. Sie wurden jedoch vom Wächterrat torpediert. An dem Argument, sie verstoße gegen den Islam, scheiterte etwa kurz darauf die vom Parlament verabschiedete Reform des Scheidungsrechts, die es Frauen ermöglicht hätte, die Scheidung einzureichen und ihre Unterhaltsansprüche zu verbessern. Zuweilen gehen die Reformer aus dem harten Ringen mit den Konservativen auch als Sieger hervor. So sollte das Mindestalter für eine Heirat für Mädchen heraufgesetzt werden, doch der Wächterrat erhob Einspruch. Es gab ein zähes Ringen zwischen Parlament, Wächterrat und dem so genannten Schlichtungsrat, bis das Heiratsalter dann schließlich doch von neun auf immerhin dreizehn Jahre erhöht wurde. Noch einen weiteren Erfolg konnte das Parlament verbuchen: Der Wächterrat akzeptierte einen Gesetzentwurf, demzufolge auch allein stehende Frauen im Ausland mit Staatsstipendien studieren dürfen. Bislang war dies aus Sorge um die Moral der Frauen nur Verheirateten gestattet.

Die Reformfraktion versucht, die Nicht-Regierungs-Organisationen (NRO), die sich mit Frauenfragen beschäftigen, zu unterstützen. In den letzten Jahren ist deren Zahl auf 150 angewachsen. Zwar sind die meisten von ihnen nur kleine Versammlungszirkel, aber immerhin, so Mahbubeh Abbasgoli, die NRO-Aktivistinnen ausbildet, „ist das eine Möglichkeit für diese Mädchen, ihrer eigenen Identität Ausdruck zu verleihen und zu sagen ‚Hier bin ich'". Die NRO sind den Konservativen ein Dorn im Auge. Ihnen sind alle Anzeichen des Aufblühens einer Zivilgesellschaft suspekt.

## Eine beispielhafte Debatte

Schirin Ebadi ist immer im Zentrum der Debatten, wenn es um Rechte der Frauen geht. Besonders heftig bewegte im August 2003 eine Diskussion die Gemüter, die beispielhaft für das zähe Ringen zwischen Reformerinnen und Männern – reformorientierten wie konservativen – ist: die Debatte über den Beitritt zur UN-Konvention gegen jede Art der Diskriminierung von Frauen. Das iranische Parlament beschloss, ihr beizutreten. Dem waren allerdings heftige Debatten unter den Volksvertretern vorausgegangen. Die Konservativen, die im Parlament in der Minderheit sind, waren der Ansicht, dass sich die Konvention in weiten Teilen gegen das islamische Recht, wie etwa gegen Erbrecht und Sorgerecht, richtete. Auch von den Reformern wurden zahlreiche Kritikpunkte vorgebracht. Als trotz dieser Einwände die Unterzeichnung beschlossen wurde, jubelten die weiblichen Abgeordneten und luden ihre männlichen Kollegen sogar zum Essen ein. Aber schon da warnte ein Journalist: „Die Männer werden das Essen zurückzahlen müssen, denn der Wächterrat wird den Beschluss ablehnen." Er sollte Recht behalten. Sein Veto begründete der Wächterrat damit, dass Artikel 28 der UN-Konvention alle Gesetze, die den Grundsätzen sowie dem Geist der Konvention widersprechen, ablehnt. Dies würde bedeuten, dass man die Konvention höher bewerten müsste als das islamische Recht, was für einen islamischen Staat unakzeptabel sei.

Bereits vor der Ablehnung durch den Wächterrat hatte die Parlamentsentscheidung im konservativen Establishment heftige Proteste hervorgerufen. Einige Ayatollahs bezeichneten den Beschluss als Verstoß gegen die „göttlichen Werte des Islams". Ali Darabi, der stellvertretende Vorsitzende der einflussreichen „Gemeinschaft der Opferbereiten der Islamischen Revolution", meinte, die Konvention gründe auf Liberalismus, Laizismus und dem westlichen Materialismus, ihr zuzustimmen würde einem Verzicht auf die göttlichen Gesetze gleichkommen. „Die Würde des Islams veranlasst uns, laut zu schreien, dass keine Idee erhabener ist als der Islam. Der Islam ist der beste Garant der Frauenrechte", sagte er.

Die Reformer hingegen verteidigten den Parlamentsbeschluss. Schirin Ebadi sagte damals in einem Interview, die Ablehnung der UN-Konvention könne nicht mit dem Islam begründet werden. „Es ist die herrschende patriarchale Kultur, die sich in den bestehenden Gesetzen niederschlägt und die Gleichberechtigung von Frauen und Männern verhindert. Der Islam ist nur ein Vorwand", sagte sie. „Die Hälfte der iranischen Bevölkerung sind Frauen. Frauen machen 63 Prozent unserer Studentenschaft aus. Warum soll das Blutgeld, die Zahlung an die Familie eines Ermordeten, bei einer Frau halb so hoch sein wie bei einem Mann. Warum kann der Mann seine Frau ohne jegliche Begründung verstoßen, wann immer er will, und warum verbleibt nach der Scheidung das Sorgerecht bei den Vätern?" All dies habe mit dem Islam nichts zu tun, sagte Ebadi. Der Islam sei die Religion der Gleichberechtigung.

Die Diskussion über die Unterzeichnung der UN-Konvention gegen Diskriminierung von Frauen veranlasste den Freitagsprediger Emami Kaschani zu einigen Äußerungen über die Stellung der Frau in einer islamischen Gesellschaft, die als exemplarisch für die Haltung der iranischen Konservativen angesehen werden können. Die Rolle der Frau bestehe darin, Kinder zu gebären und sie zu erziehen. Der Mann müsse arbeiten, Geld verdienen und für den Lebensunterhalt sorgen. „Die Frau darf nicht Tag und Nacht arbeiten. Sie muss wie eine Blume Freude spenden. Es ist gegen die Natur, wenn Frauen wie Männer arbeiten. Die Frau muss ihre Frische bewahren und die Sorge um den Lebensunterhalt dem Mann überlassen. Die Frau genießt eine hohe Stellung. Sie wird niemals das Gefühl haben, diskriminiert zu werden. Das Recht der Frau beruht auf Liebe, Treue und Mitgefühl." Mit der UN-Konvention werde im Namen der Gleichberechtigung gegen die Menschlichkeit, gegen das Recht der Frauen und Männer verstoßen. Die Konvention, so befand Emami Kaschani zusammenfassend, zerstöre die Familie.

Beeindrucken ließen sich die Parlamentarier davon allerdings nicht. Die Abgeordnete Elahe Kulai bezeichnete solche Stellungnahmen als „schockierend und äußerst gefährlich". Der Prediger ignoriere die Realität und übersehe, dass heute in Iran Hunderttausende von Frauen alleine ihre Familien ernähren und ebenso viele verheiratete Frauen genauso wie ihre Männern arbeiten müssen, um den Lebensunterhalt zu verdienen. Politiker und geistliche Würdenträger sollten sich, statt Verschwörungstheorien zu lancieren, lieber mit den Realitäten auseinander setzen. Die Ablehnung der UN-Konvention gegen Diskriminierung von Frauen zeige, so Kulai, dass bestimmte Kreise den Wandel der Zeiten nicht registriert haben.

Es liegt aber nicht nur am Wächterrat, dass sich nicht allzu viel für die Frauen geändert hat. In Frauenfragen sind die Unterschiede in der Politik von Konservativen und Reformern nämlich gar nicht so groß. Ein Beispiel ist die Diskussion um die Besetzung der Ministerposten nach der Wahl Chatamis zum Präsidenten am 8. Juni 2001. Die Abgeordnete Dschamileh Kadiwar sprach sich im Parlament dafür aus, einen Ministerposten mit einer Frau zu besetzen. Die Männer – Konservative ebenso wie Reformer – lehnten fast einstimmig ab. Tahereh Rezazadeh, eine andere Abgeordnete, kommentierte dies mit den Worten, männlicher Chauvinismus würde in der angeblich reformorientierten Regierung und im angeblich reformorientierten Parlament ebenso vorherrschen wie unter den Konservativen und in der iranischen Gesellschaft insgesamt. Ähnlich äußerte sich Fateme Haqiqatdschu. Als Akbar Gandschi, der Shootingstar unter den iranischen Reformern, sie daraufhin als „der einzige Mann im Parlament" bezeichnete, verbot sich Haqiqatdschu dieses „zweifelhafte Kompliment".

In den letzten Jahren hat es dennoch eine positive Veränderung in der Auseinandersetzung um Frauenrechte gegeben. Die Frauenrechtlerin Schahla Lahidschi macht dies an der Tatsache fest, dass die Themen, die noch vor einiger Zeit nur sie und wenige andere angesprochen hätten, jetzt von weiten Teilen der Bevölkerung diskutiert würden. Und sogar Teile der Geistlichkeit hätten sie auf ihre Seite ziehen können. Das allein sieht sie als großen Fortschritt und Hoffnungsschimmer für die Zukunft.

Sicher ist es auch der Politik von Mohammad Chatami zu verdanken, der sich für größtmögliche Transparenz in der Politik eingesetzt hat, dass Probleme wie Prostitution, häusliche Gewalt und

Drogenkonsum inzwischen offen diskutiert werden. Vor 1997 waren diese Themen ein Tabu. So etwas gab es nicht in der Islamischen Republik. Die Abgeordnete Dschamileh Kadiwar wagte sich an das Tabuthema, als sie öffentlich erklärte: „Wir sind äußerst besorgt darüber, dass die Zahl der Prostituierten weiter zustatt abnimmt." Niemand weiß, wie viele Prostituierte es in Teheran gibt, offiziell ist Prostitution in Iran verboten. Aber so unübersehbar, wie sie im Teheraner Straßenbild sind, entsteht der Eindruck, es seien zehntausende allein in der Hauptstadt. Als seriös geltende Schätzungen gehen davon aus, dass in dem Land mit rund 65 Millionen Einwohnern 300 000 bis 500 000 Frauen dem verbotenen Gewerbe nachgehen, in dem Prostituierten, Zuhältern und Freiern Gefängnisstrafen drohen. Genau weiß es keiner: Wo es offiziell keine Prostitution gibt, fehlen auch Statistiken darüber. Doch die Teheraner Stadtverwaltung hat in einem Bericht aus dem Jahre 2000 allein von 1998 auf 1999 einen Anstieg der Prostitution unter Schülerinnen um 635 Prozent errechnet. Wirtschaftlich attraktiv ist der Job: Auf ihrer Internet-Seite gab eine ehemalige Prostituierte an, dass sie 1300 Euro im Monat verdient habe. Damit hat sie etwa das fünffache Einkommen einer Durchschnittsfamilie.

Über drei Dinge besteht allgemeine Einigkeit unter den Frauenrechtlerinnen, die sich mit dem Problem beschäftigen: Die meisten dieser Frauen stammen aus zerbrochenen Familien und sind von zu Hause weggelaufen. Ihre Zahl steigt beständig. Und sie werden immer jünger. Die staatliche iranische Organisation für Wohlfahrt schätzt, dass in den vergangenen drei Jahren etwa 1,7 Millionen Frauen und junge Mädchen (rund sechs Prozent der weiblichen Bevölkerung) dem Elternhaus wegen sozialer und drogenbedingter Probleme in der Familie den Rücken kehrten. Viele finden keine neue Bleibe, sind mittellos und landen auf dem Strich. Die Abgeordnete Dschamileh Kadiwar möchte zunächst wenigstens jene

Frauen von der Straße bringen, die sich aus wirtschaftlicher Not prostituieren. Man müsse durch entsprechende Programme einen materiellen Anreiz schaffen. Solange ein Problem gesehen wird ohne dass von staatlicher Seite versucht wird, es zu lösen, helfen auch größere Transparenz und das Engagement einiger Parlamentarierinnen wie Kadiwar nicht viel weiter. Das einzige Resozialisierungszentrum für Mädchen, die von zu Hause weggelaufen sind, wurde kürzlich – angeblich aus Geldmangel – geschlossen.

Insgesamt unternimmt die Regierung wenig, wenn es um Probleme geht, die in erster Linie Frauen betreffen. Als der Präsident doch einmal Position bezog, warfen ihm Frauenrechtlerinnen vor, dies nur mit dem Blick aufs Ausland getan zu haben. Konkret ging es um die Steinigung. Nach derzeit geltendem iranischem Recht können Ehebrecherinnen bzw. Frauen, die vor der Ehe Geschlechtsverkehr haben, gesteinigt werden – eine Strafe, die in der Realität äußerst selten angewendet wird. Elf Abgeordnete haben im Frühjahr 2003 eine Gesetzesvorlage zum Verbot der Steinigung eingebracht. Zuvor hatten sie sich für diese Gesetzesvorlage ihren Segen bei einer der religiösen Autoritäten Irans eingeholt. Als Groß-Ayatollah Naser Makarem Schirazi sagte, „unter bestimmten Umständen kann die Strafe der Steinigung durch andere ersetzt werden“, fühlten die iranischen Frauenrechtlerinnen, dass sie einen Teilerfolg errungen hatten. Und erklärten sich die relativ gemäßigte Haltung mit der sich wandelnden Atmosphäre sowie einer gestiegenen Bereitschaft, Frauenrechtsthemen zu diskutieren. Justizchef Haschemi Schahrudi soll sogar inoffiziell angeordnet haben, die Strafe der Steinigung von Frauen nicht mehr durchzuführen.

Obwohl erfreulich, sind diese Tendenzen noch längst keine durchschlagenden Erfolge – und natürlich klingt es seltsam in westlichen Ohren, wenn iranische Frauenrechtlerinnen sich darüber freuen, da der Groß-Ayatollah auch „anderen Strafen“ sein

Plazet gibt. Aber trotzdem: Wo so viel diskutiert wird und sich Frauen so lebendig zu Wort meldeten wie derzeit in Iran, können längerfristige Erfolge nicht ausbleiben – so die Hoffnung, die Lahidschi und viele Mitstreiterinnen hegen. Vor allem erhoffen sich diese Frauen von der Anerkennung ihres Kampfes durch den Nobelpreis, der Ebadi verliehen wurde, einen Auftrieb. Junge Frauen würden sich schon aus diesem Grund dem Kampf verstärkt widmen. Und wo immer Schirin Ebadi nun auftreten wird oder was immer sie schreiben wird: Es wird sehr aufmerksam registriert werden, was sie zu sagen hat.

## Der Tschador und das Parlament

Ein weiteres Beispiel für die neue Diskussionsfreudigkeit ist die Kopftuchdebatte. Einiges hat sich hier bewegt, seit Chatami Präsident wurde. Ein Beispiel: Im Anschluss an die Parlamentswahlen vom März 2000 erklärten zwei neu gewählte Parlamentarierinnen, sie würden nicht mit Tschador ins Parlament kommen. Mit Tschador wohlgemerkt, um das Kopftuch ging es erst einmal gar nicht. Diese Frauen meinen, nur mit Kopftuch und Mantel bekleidet, würden sie die islamischen Bekleidungsvorschriften hinreichend erfüllen, so wie auf Teherans Straßen auch. Dort müssen die Frauen den Tschador nicht tragen, der Kopf und Körper vollständig bedeckt, das Gesicht allerdings – anders als die afghanische Burka – frei lässt. Bislang war der Tschador im Parlament und in verschiedenen anderen Orten Pflicht, eine Pflicht allerdings, die nirgendwo gesetzlich festgelegt ist.

„Wir sind die Revolutionsgeneration, und wir haben die jetzige Generation ausgetragen – nur mit Mantel und Kopftuch bekleidet“, polterte die Abgeordnete Tahereh Rezazadeh, als es um die Bekleidung ging, mit der sie künftig das Parlament zu betreten habe. Und Soheila Dschelodarzadeh assistierte ihr: „Die weiblichen Mitglieder des Parlaments haben das Recht, sich ihre Kleidung selber auszusuchen, solange sie nur das islamische Recht und die Verfassung respektieren.“ Die Reaktion der Konservativen blieb nicht aus. Weibliche Mitglieder – wohlgemerkt weibliche Mitglieder – des Parlaments drohten, die Abgeordneten an der Eingangstür zu verprügeln, wenn sie in ihrer „unsittlichen Montur“ im Parlament auftauchten.

Die Forderung, die Kleidungsvorschriften zu lockern, wird inzwischen aber auch von einigen wichtigen Männern unterstützt. Hadi Chamenei, der Bruder von Revolutionsführer Ali Chamenei, kam den tschadormüden Parlamentarierinnen zur Hilfe. Im Gegensatz zu seinem Bruder gilt Hadi Chamenei, der bei den Parlamentswahlen viele Stimmen gewann, als Reformer. In einem Interview erklärte der Geistliche, dass auch der verstorbene Revolutionsführer Chomeini seinen Segen zu der „leichten Bekleidung“ gegeben habe. Nun könnte man sagen, gerade diese Debatte zeigte, dass man noch weit entfernt ist von einem Abschied vom Kopftuch. Aber zum einen sind die Argumente in den beiden Diskussionen – der über das Kopftuch und derjenigen über den Tschador – ähnlich, es geht in beiden Diskussionen um die Frage der Sittlichkeit. Und zum anderen öffnet das Parlament Tür und Tor für die Debatte auch um die komplette Abschaffung des Kopftuchgebots.

Auch die Abschaffung des Kopftuchzwangs wird heute immer offener gefordert. Ein liberaler Theologe wie Abdollah Nuri erklärte, dass der Staat keine Frau zum Kopftuch zwingen dürfe. Am weitesten hat sich in der gegenwärtigen Diskussion der oppositionelle Geistliche Hassan Jussefi-Eschkewari vorgewagt. Er stellte klar: „Das Kopftuch gehört nicht zu den Wesensmerkmalen der Religion, sondern zu jenen gesellschaftlichen Geboten, die sich mit den Umständen wandeln können.“ Andere formulieren vorsichtiger. Fazel Mejbodi, ein angesehener Ayatollah aus der Theologenstadt Ghom, erklärt: „Der religiöse Aufklärer argumentiert so: Ich glaube an das Kopftuch. Doch dass eine Regierung sich hier einmischen will und sagt, Frau, wieso trägst du kein Kopftuch, nein, das akzeptiere ich nicht. Das ist nicht Aufgabe einer Regierung. Man kann grundsätzlich das Kopftuch auf zweierlei Arten betrachten. Entweder sagen wir, der Islam schreibt der Frau vor, in der Gesellschaft ein Kopftuch zu tragen. Oder aber wir sagen, das, was der Islam verhindern will, ist der Verfall der Sitten, was ja auch im Westen nicht als erstrebenswert gilt. D. h. aus diesem Grund hat der Islam gesagt, die Frau soll ihr Haar bedecken. Nun nehmen wir einmal an, eine Frau geht nach Amerika und trägt dort kein Kopftuch. Gut, das ist dort völlig normal und gilt nicht als unmoralisch, und sie schwört damit auch keinen allgemeinen Verfall von Tugend und Moral herauf. Ist das dann wirklich gegen den Islam gerichtet? Man kann darüber natürlich nur schwer urteilen, aber ich glaube, in der Zukunft wird es so sein, dass der allgemeine Verfall moralischer Prinzipien in unserer Gesellschaft auf keinen Fall akzeptabel werden kann. Aber das Nicht-Tragen des Kopftuchs wird man akzeptieren. Das ist meine Prophezeiung."

Schirin Ebadi als selbstbewusste Muslimin ist stark genug, sich ihre eigene Meinung zu bilden. Nicht nur in der Kopftuchfrage. Sie formuliert es so: „Anstatt den Frauen zu befehlen, was sie auf dem Kopf zu tragen haben, sollten wir ihnen beibringen, ihren Kopf zu gebrauchen." Mit dieser Forderung steht sie längst nicht mehr allein.

## Oberster Dissident und oberste Anwältin

Unter den führenden Geistlichen Irans gab es nur einen, der Schirin Ebadi zum Nobelpreis gratulierte, Groß-Ayatollah Hossein Ali Montazeri. Der Preis werde iranischen Anwälten und dem ganzen Volk Mut machen, gegen Ungerechtigkeiten zu kämpfen, sagte Montazeri. Wegen seines Einsatzes für die Menschenrechte gilt er heute vielen Protagonisten der Reformbewegung als höchste religiöse Autorität, einige sind seine Schüler. In vielen Kommentaren vor allem der Internet Community war zu lesen, dass man den Nobelpreis ebenso gut an Montazeri hätte geben können, um die gesamte Bewegung auszuzeichnen – wie vom Nobelpreiskomitee beabsichtigt.

Montazeri galt als designierter Nachfolger von Revolutionsführer Chomeini. 1983 bestimmte ihn der Expertenrat zum Nachfolger im Wartestand. Recht unvorhergesehen für die Bevölkerung wurde er im März 1989, kurz vor Chomeinis Tod, abgesetzt. Anlass war offenbar seine Kritik an den Menschenrechtsverletzungen in der Islamischen Republik. Das wurde offiziell allerdings nie zugegeben. Mitgeteilt wurde, es sei zum Wohle der islamischen Ordnung geschehen. Montazeri ist das beste Beispiel dafür, dass nicht nur das „Fußvolk", sondern auch mancher Führer der Revolution ein anderes System im Sinn hatte als das heute herrschende. Auch von denjenigen, die die Islamische Republik begründet haben und zu den innersten Zirkeln der Macht gehörten, wird heute eine grundlegende Reform gefordert.

Montazeri ist einer der Väter der Revolution von 1978/79. Er war jahrzehntelang im Kampf gegen das Schah-Regime aktiv, saß mehrfach im Gefängnis und wurde schwer gefoltert. Montazeri war einer der engsten Vertrauten des späteren Revolutionsführers Chomeini, aber – im Gegensatz zu ihm – ein Mann des Volkes, und bis heute ist er vor allem in den einfachen, traditionell ausgerichteten Schichten sehr beliebt.

Nach seiner Absetzung wurde er unter Hausarrest gestellt und durfte sich nicht mehr öffentlich äußern. Mit dem Amtsantritt Mohammad Chatamis als iranischer Präsident meldete er sich 1997 dann in der politischen Diskussion zurück. Er warnte den neugewählten Präsidenten öffentlich, er solle sich nicht von Revolutionsführer Ali Chamenei in seine Politik hereinreden lassen, nur weil dieser meine, er stünde über der Verfassung. Heute zeigt sich, dass Montazeri Recht behalten sollte. Die gleiche Kritik hatte Schirin Ebadi formuliert: Chatami hat seine historische Chance verspielt, sagen beide.

Die Reaktion auf Montazeris Kritik von damals blieb nicht aus. Um ihn zu desavouieren, wurde im damals noch von den Konservativen dominierten Parlament erstmals nach acht Jahren der Brief verlesen, den Ayatollah Chomeini an Montazeri geschrieben hatte, um ihn zum Rücktritt aufzufordern: Er sei dumm und einfältig, würde der Revolution und dem Islam schaden und sei somit nicht mehr tragbar. Montazeri reagierte. Er verdeutlichte seine Position in einem Vortrag, der viel Resonanz fand und als Kassette verbreitet wurde, Teile daraus wurden in der iranischen Presse wiedergegeben. Montazeri machte in diesem Vortrag klar: Die iranischen Verfassungsväter, zu denen er selber gehörte, hatten niemals im Sinn, ein System wie das heute bestehende zu etablieren. Dem Obersten Rechtsgelehrten sollte eine Aufsichtsfunktion zukommen, er sollte darüber wachen, dass die drei Staatsgewalten nicht gegen den Islam verstoßen, sich aber nicht in die Staatsgeschäfte einmischen. Ganz eindeutig habe man damals für eine Republik, für die Herrschaft des Volkes, votiert. Parteien seien ebenso vorgesehen gewesen wie eine freie Presse. Dem derzeit herrschenden Revolutionsführer Chamenei warf Montazeri vor, die Intentionen der Verfassung pervertiert und in Iran eine Diktatur der Rechtsgelehrten errichtet zu haben.

Montazeri ist nicht der einzige, der in Iran immer wieder betont, die Revolution habe einen Verlauf genommen, der so nicht gewollt war. Ähnliches wird auch von bekannten Politikern wie dem ehemaligen Innenminister und Chomeini-Schüler, Abdollah

Nuri, einem Schüler Montazeris geäußert. Und auch von Chomeinis Enkel Hossein: Die Machthaber hätten in Iran eine Diktatur der Geistlichkeit errichtet, die so nie im Sinne seines Großvaters gewesen sei. Hossein Chomeini, der mit seinem Großvater lange Jahre im irakischen Exil verbrachte, ist der Sohn von Ayatollah Chomeinis Lieblingssohn Mustafa, der vermutlich vom Geheimdienst des Schahs umgebracht wurde.

## Seelsorge per E-Mail

Im Zuge der erwähnten Affäre wurde Montazeri wieder unter verschärften Hausarrest gestellt, seine Schule wurde von Schlägertrupps demoliert, es gab Todesdrohungen. Jahrelang durfte er außer seiner Familie keine Besucher empfangen. Dank der modernen Kommunikationsmittel blieb er jedoch in der politischen Diskussion präsent. Er beantwortet die Fragen seiner Anhänger per E-Mail und verschickt Faxe und Statements zu brennenden Themen der Außenpolitik, der Innenpolitik, aber immer wieder auch zu tagesaktuellen Fragen. Inzwischen ist er eine der wichtigsten Stimmen, wenn es darum geht, auf die Unrechtspolitik der Herrschenden aufmerksam zu machen. Montazeri versorgt einige ausländische Zeitungen und Radiostationen regelmäßig mit seinen Analysen. Über deren Sender finden diese häufig ihren Weg zurück nach Iran. Aufsehen erregte insbesondere Montazeris Kommentar zu den Verhaftungen von über sechzig Mitgliedern der oppositionellen Freiheitsbewegung im Frühjahr 2001. Sie wurden wegen umstürzlerischer Aktivitäten und des „Krieges gegen Gott“ angeklagt. In seinem Kommentar zu diesen Verhaftungen wirft Montazeri den Herrschenden vor, genau so verbrecherisch zu handeln wie das Regime, das sie einst beseitigt haben. Seine deutliche Warnung: Geschichte kann sich wiederholen.

Seit März 2003 ist er wieder in Freiheit: Sein Gesundheitszustand hatte sich massiv verschlechtert, und man hatte wohl befürchtet, dass er im Hausarrest sterben würde. Das hätte ihn zum Märtyrer gemacht. Inzwischen wagen auch die iranischen Zeitungen immer öfter, seine Äußerungen abzudrucken.

## Trennung von Staat und Religion

Für die Entfremdung zwischen Volk und Herrschern macht Montazeri aber nicht die Herrschaftstheorie verantwortlich, die er und Chomeini entwickelt haben, sondern die Machthaber, die nur an ihren Pfründen interessiert seien. Dieser Geistliche, der an der gegenwärtigen Staatsform festhalten möchte und nur für demokratischere Strukturen eintritt, ist eine Ausnahme. Ein theokratisches System ist deshalb für schiitische Geistliche nicht legitimer als die Monarchie oder die Demokratie, weil nur der 12. Imam selbst Führer eines legitimen islamischen Staates sein kann. Insofern war die Staatsform, die Chomeini und mit ihm Montazeri, der zu den bedeutendsten Theoretikern der „Herrschaft des Obersten Rechtsgelehrten" zählt, vorschlugen, tatsächlich etwas revolutionär Neues. Chomeini hatte mit der traditionellen orthodoxen Sicht der schiitischen Geistlichkeit, die eine Trennung von Staat und Religion formuliert, gebrochen.

An diese traditionelle Sicht knüpfen säkulare Reformer wie Schirin Ebadi heute wieder an. Ebadi formuliert diplomatisch, welche Staatsform sie sich für Iran wünscht: „Ich bin für die Regierungsform, die vom iranischen Volk gewählt wird. Wenn die Iraner ein laizistisches Land, mit Trennung von Staat und Religion wollen, bin ich damit einverstanden; wenn die Iraner eine islamische Republik mit demokratischen Institutionen wollen, dann bin ich auch damit einverstanden. Als Individuen verspüren wir den Einfluss unseres religiösen Glaubens – oder auch nicht. Das ist eine der Tatsachen des Lebens. Was ich vorschlage, ist, dass wir niemandem die Möglichkeit geben sollten, anderen seine persönliche Auffassung von der Religion aufzuzwingen, durch Unterdrückung, Druck, Gewalt. Die Leute müssen aufhören, den Islam zu instrumentalisieren. Sie sprechen von einer „islamischen" Mentalität, um zu begründen, dass Frauen schwach und unsicher sind und unfähig, eine Entscheidung zu treffen. Sie sprechen von einer „islamischen" Wirtschaft, um ihre Ausbeutung der nationalen Ressourcen zu rechtfertigen. Sie sprechen von einer „islamischen" Erziehung, damit sie ihre Politik der Gehirnwäsche von jungen Leuten und Kindern rechtfertigen können. Sie sprechen von „islamischem" Gesetz, damit sie semantische Spielchen spielen können, die ihren Zielen dienen. So geht das nicht."

Ebadi hält die gegenwärtige Islamische Republik ohnehin nicht für ein religiöses Regime: „Es gibt da einige Verwirrung. Was wir heute in Iran haben, ist kein religiöses Regime, sondern ein Regime, in dem die Leute, die die Macht innehaben, die Religion instrumentalisieren, um an der Macht zu bleiben. Wenn das gegenwärtige Regime den Weg, den es eingeschlagen hat, nicht aufgibt und nicht den Willen des Volkes widerspiegelt, wird es scheitern. Sogar wenn es einen säkularen Weg einschlägt."

Ebadi argumentiert mit dem Islam, wenn sie für die Trennung von Religion und Staat plädiert – und sich inhaltlich von Groß-Ayatollah Montazeri absetzt, auch wenn sie seine persönliche Integrität und seine wichtige Rolle für die iranische Reformbewegung wertschätzt: „Ich befürworte persönlich die Trennung von Religion und Staat. Diese Position wird auch von führenden religiösen Autoritäten befürwortet, und sie steht im Einklang mit der schiitischen Tradition."

# Reformtheologie, Islam und Menschenrechte

## „Wir brauchen eine andere Interpretation des Islams"

„Im Islam gibt es keine Kirche und keine Priester", sagt Schirin Ebadi. „Als Muslime sind wir allein verantwortlich für unser Tun. Wir haben uns erst am Jüngsten Tag und nur vor Gott zu rechtfertigen." Damit klagt sie die herrschende konservative Clique, die versucht, der iranischen Bevölkerung bis ins Detail vorzuschreiben, wie sie ihren Glauben zu leben hat, direkt und unverblümt an. Dass die konservative Geistlichkeit sich nicht über den Friedensnobelpreis für Ebadi freute und im Anschluss versuchte, sie in einer Kampagne zu diffamieren, muss daher nicht erstaunen. Schirin Ebadi ist ihnen in erster Linie als Kritikerin gegenübergetreten. Sie fordert nicht nur die gleichen Rechte für Frauen, sondern tritt generell für die Einhaltung der Menschenrechte ein. Den Konservativen aber gelten die Menschenrechte als „Sammlung korrupter Normen, die sich die Zionisten ausgedacht haben, um alle wahren Religionen zu zerstören" – so eine Formulierung von Staatsgründer Chomeini. Auch das Monopol auf die einzig wahre Deutung des Islams, das die Konservativen für sich beanspruchen, die sich als Interpreten des göttlichen Willens sehen, wird von Ebadi hinterfragt. „Wir brauchen eine andere Interpretation des Islams, eine Interpretation, die Raum lässt für Menschenrechte und Frauenrechte." Diesen Satz hat die Friedensnobelpreisträgerin wieder und wieder gesagt, als sie von westlichen Medien auf die vermeintliche Unvereinbarkeit von Islam und Menschenrechten angesprochen wurde. Innerhalb der iranischen Reformbewegung ist man sich einig: Der Islam steht nicht zu den Menschenrechten im Widerspruch. Gegen die restriktive Deutung des Islams hat sich auch unter den iranischen Theologen eine Gegenströmung etabliert – eine Strömung, die die gesellschaftlichen Reformkräfte in Iran trägt und weit über Iran hinaus für die islamische Welt von Bedeutung sein könnte.

## Die Wandelbarkeit religiöser Erkenntnis

Schirin Ebadi steht mit ihrem Konzept, mit dem Koran für Menschenrechte zu streiten, auch theologisch keineswegs allein. Viele berufen sich auf die bedeutendsten Theoretiker der „neuen Theologie", Abdolkarim Sorusch und Mohammad Modschtahed Schabestari, auf die im folgenden kurz einzugehen ist.

Soruschs wissenschaftliche Haupttheorie hat die Wandelbarkeit der religiösen Erkenntnis zum Inhalt. Weil die Erkenntnis des Menschen wandelbar sei, verändere sich auch die Erkenntnis des Menschen von seiner Religion, denn Erkenntnis sei generell von der Zeit und dem Stand der Wissenschaften abhängig. Mit der Zeit ergeben sich, so Sorusch, immer neue Deutungen des Glaubens; sie seien angepasst an die Umstände, in denen die Interpreten lebten. Diese Argumentation lässt sich auf das Thema „Frauenrechte" übertragen. Obwohl sich Sorusch nie direkt zum Thema „Frauenrechte" geäußert hat und auch wenn ihm in Hinblick auf Frauenrechte eine eher konservative Haltung unterstellt wird, ist sein Einfluss auf die Zeitschrift *Zanan* als einer explizit islamisch argumentierenden Zeitschrift deutlich spürbar. *Zanan* und die Zeitschrift *Kiyan,* in der Sorusch in der Regel veröffentlichte, befinden sich im selben Haus, die Blattmacher der beiden Zeitschriften haben einen ähnlichen sozio-kulturellen Hintergrund: Sie sind religiöse Intellektuelle, die eine Neuinterpretation des Korans fordern. Auch *Zanan* unterscheidet in diesem Zusammenhang im Blick auf den Koran zwischen beständigen und wandelbaren Teilen. Sorusch habe strenggläubigen Frauen wie Scherkat ermöglicht, ihren Glauben mit ihrem Feminismus zu versöhnen, formulierte es die Iranistin Ziba Mir-Hosseini einmal: „Sein Verständnis des Islams öffnete den Raum dafür, die Geschlechterbeziehungen radikal zu überdenken."

Sorusch ist der führende Theoretiker Irans zum Thema „Islam und Moderne". Er versucht, Begründungen für ein politisches System zu finden, das sowohl islamisch als auch demokratisch ist. Er nutzt dazu Ansätze vor allem westlicher Wissenschaften, vermittelt seine Argumente aber in einem religiösen Bezugssystem. Er geht davon aus, dass unsere Erkenntnismöglichkeiten potentiell unendlich sind und wir uns an die Erkenntnis immer nur annähern können: Der Mensch kann nie wirklich wissen, was Gott von ihm erwartet. Er wird auch nie genau wissen, was das Gesetz Gottes wirklich ist oder was es bezweckt. Seine Absichten sind unergründlich. Der Mensch kann nur das Ziel Gottes erkennen und verstehen. Mehr nicht. Und dieses Ziel der Religion könne auf keinen Fall zu humanen Konzepten im Widerspruch stehen.

Der Text des Koran ist wie jeder andere Text auch ein offener Text, der zu Interpretationen einlädt. Die starre Deutung des Glaubens ist nach Sorusch ein Phänomen der Moderne. In früheren Zeiten sei man von einem Wandel der religiösen Erkenntnis ausgegangen. Und eben diese Wandelbarkeit öffnet den Raum für Neuinterpretationen. Aus diesem Grund sind für ihn auch Menschenrechte und Islam vereinbar.

## Die Debatte über Menschenrechte

Eine solche Haltung muss in Iran auf Widerstand stoßen, da der Diskurs immer noch maßgeblich von der Meinung des iranischen Staatsgründers Ayatollah Chomeini bestimmt wird. Dessen Menschen- und Gottesbild geht davon aus, dass nur einer Rechte hat, nämlich Gott. Der Mensch hat keine Rechte – vor allem hat er sie nicht allein aufgrund der Tatsache, dass er ein Mensch ist. Der Mensch hat zwar Pflichten gegenüber Gott. Aber Gott allein hat Rechte. Eventuell räumt Gott oder sein Stellvertreter auf Erden dem Menschen Rechte ein, aber er kann sie ihm genauso gut wieder entziehen, denn Rechte sind nicht natur-, sondern gottgegeben.

Nach Chomeinis Auffassung muss sich jeder Mensch dem Wohl der Allgemeinheit, d. h. der islamischen Gemeinde, der *umma,* unterordnen. Diese anti-liberale Weltsicht erlaubt auch die Verletzung individueller Rechte zum Wohle der Gemeinschaft, denn diese hat immer Priorität. Wenn es das Wohl der *umma*, gebietet, sind deshalb auch Zensur, Zwang und Verstöße gegen die Menschenrechte gerechtfertigt: „Wer über die Muslime herrscht, muss sich immer am öffentlichen Wohl und Interesse orientieren und persönliche Gefühle außer Acht lassen. Deshalb ordnet der Islam die Individuen den kollektiven Interessen der Gesellschaft unter und hat zahlreiche Gruppen ausgelöscht, die eine Quelle der Korruption und des Schadens der menschlichen Gesellschaft waren."

Chomeini lehnt mit diesen Sätzen individuelle Freiheitsrechte gegenüber dem Staat ab. Die Menschenrechte, deren Missbilligung und Missachtung man ihm daraufhin vorwarf, hielt Chomeini für ein Werkzeug der teuflischen Mächte; sie dienten einzig dazu, den Siegeszug des Islams aufzuhalten.

Diese Argumente bestimmen auch heute noch den iranischen Diskurs zum Thema Menschenrechte. Iranische Gelehrte und Theologen argumentieren oft so: Auch in Gesellschaften, wo es Drogenabhängigkeit gebe und statt allgemeinem Glück Arbeitslosigkeit herrsche, würden die Menschenrechte nicht verwirklicht. Gegen die universelle Geltung der Menschenrechte argumentieren sie mit der Forderung nach einem Systemvergleich. Kulturelle

Unterschiede müssten berücksichtigt werden: Aufgrund der historischen und gesellschaftlichen Entwicklungen in ihrem Kulturkreis setzen die Muslime die Achtung der Rechte Gottes anstelle der „Menschen-Rechte"; der Westen hingegen habe seine Ordnung anthropozentrisch ausgerichtet.

## Die demokratieorientierte Deutung des Korans

Sorusch hat diese kulturrelativierende Position weit hinter sich gelassen. Sein Ansatz unterscheidet sich aber auch maßgeblich von einer demokratieorientierten Deutung des Korans. Auch sie kommt zu dem Ergebnis, dass der Koran mit den Menschenrechten und der Demokratie vereinbar ist. Diese Art der Deutung, die immer noch in Iran und in weiten Teilen der islamischen Welt verbreitet ist, versucht, den Koran in seinem besonderen Kontext zu deuten. Der iranische Geistliche Hassan Jussefi Eschkewari beispielsweise wendet diese Methode an, wenn er den Koran interpretiert. Ein Beispiel: „Und kämpft gegen sie, bis niemand mehr versucht, Gläubige zum Abfall vom Islam zu verführen, und bis nur noch Gott verehrt wird", heißt es im Koran (Sure 2, 193). Ein Vers, der so interpretiert werden könnte, als hätten die Muslime auf immer und ewig die Pflicht, gegen die Ungläubigen zu kämpfen und alle Menschen zum Islam zu bekehren. Eschkewari argumentiert hingegen historisch: Diese Sure bezieht sich ausschließlich auf ein bestimmtes geschichtliches Ereignis, auf die Schlacht von al-Hudajbija. Im Jahre 630 brach der Prophet Muhammad einen Waffenstillstand, den er selbst zwei Jahre zuvor geschlossen hatte, und marschierte in Mekka ein. Laut Eschkewari geht es in der Sure nur um diese konkrete politische Situation: Die heidnische Bevölkerung Mekkas sollte bekämpft werden, weil sie sich zuvor an der

Gemeinde des Propheten versündigt hatte. Das heißt aber noch nicht, dass bis in unsere Zeit hinein alle Menschen bekämpft werden sollten, bis sie den einen Gott verehren.

Eschkewari wendet hier eine alte Methode an. Ein ganzer Zweig der Theologie beschäftigt sich mit den so genannten „Gründen für die Offenbarung". Auch die klassische Islamwissenschaft ging von einer dialektischen Beziehung zwischen Text und Adressat aus. Dass es diese Wissenschaft schon so lange gibt, zeigt, wie widersinnig das Argument vieler radikaler Islamisten ist, man müsse jede Aussage des Korans wörtlich nehmen, und eine jede von ihnen sei allzeit gültig. Die Argumentation Eschkewaris belegt aber noch etwas anderes: Dass der Verweis, dieses und jenes stünde doch so und so im Koran, nicht allzu aussagekräftig ist. Es hat deshalb auch nicht viel Zweck, wenn man sich jetzt in Deutschland in den Koran vertieft, um zu erfahren, was „der Islam" zum Thema Menschenrechte, Terrorismus oder Frauen sagt. Bereits zwei Tage nach den Attentaten vom 11. September 2001 sei der Koran ausverkauft gewesen, berichteten deutsche Buchhändler. Aber ohne Kenntnis von Interpretationsgeschichte und Exegese hat seine Lektüre wenig Sinn. „Der Koran ist eine Schrift zwischen zwei Buchdeckeln, die nicht spricht. Es sind die Menschen, die zu ihr sprechen." Mit diesen Worten hat sich bereits Ali, der erste Imam der Schia, zur Deutbarkeit des Korans geäußert. Seit Jahrhunderten wird der Koran interpretiert. Es gibt mystische, philosophische, rationalistische Korankommentare, die zu sehr unterschiedliche Aussagen kommen. Erst in jüngerer Zeit versuchen manche Gruppen und Personen, ein Monopol auf die einzig gültige Auslegung des Korans zu beanspruchen.

## Menschenrechte als Gebot der menschlichen Vernunft

Sorusch interessiert die Frage der Übereinstimmung von Islam und Menschenrechten nicht mehr: Für ihn sind die Menschenrechte schlicht ein Gebot der menschlichen Vernunft. Damit könnten sie auch der Religion nicht widersprechen, denn prinzipiell könne nichts Unvernünftiges Gottes Wille sein. Dass die Menschenrechte in einem außerreligiösen Rahmen entstanden sind, hindert ihn nicht daran, ihre Verwirklichung auch in einem islamischen Staatssystem für möglich und sogar notwendig zu erachten. Zwar seien die Menschenrechte von Menschen erdacht worden, da sie aber nicht der Religion widersprächen, bliebe das Recht Gottes gewahrt. Soruschs Argumentation ist ein erster Schritt zu einer säkularen Hermeneutik. Logische Konsequenz dieser Argumentation: Eine ganze Reihe von Gesetzen, die das islamische Recht kennt, könnten nicht mehr angewendet werden – beispielsweise das Abhacken der Hand als Strafe für einen Diebstahl. Laut Sorusch ist es aber auch nicht unbedingt notwendig, alle islamischen Gesetze im Detail zu befolgen. Um dies zu begründen, unterscheidet er zwischen Werten ersten und zweiten Grades. Die Werte zweiten Grades bezögen sich ausschließlich auf Detailvorschriften des Glaubens und unterschieden sich somit von Religion zu Religion. Die Werte ersten Grades – beispielsweise die Gerechtigkeit – seien hingegen die wirklich wichtigen. Und deshalb betonen die verschiedenen Religionen ebenso wie die menschliche Vernunft ihre Bedeutung. Gerechtigkeit ist demnach zwar ein religiöser Wert, aber auch ein allgemein geltender. Dieser Wert sei nicht „wesensmäßig religiös“, sondern „auch religiös“.

Die Frage, wozu man die Religion überhaupt noch braucht, wenn sie keine wertebegründende Funktion hat, beantwortet Sorusch pragmatisch. Obwohl hohe Werte wie Freiheit, Gerechtigkeit und Menschenrechte ihrem Wesen nach von der Religion unabhängig seien, könne man sie dem einfachen Volk durch den Glauben besser vermitteln.

Die primären Werte, über die zwischen Andersgläubigen und Muslimen Übereinkunft herrscht, sind demnach die wirklich maßgeblichen. Weniger bedeutend sind die Details wie das islamische Strafrecht oder die Kleidungsvorschriften. Sie sind nur die „Haut", die die Religion nach außen hin zusammenhält, haben aber nichts mit der eigentlichen Essenz der Religion zu tun. Sorusch argumentiert, im traditionellen Sinne sei Schiit, wer an die fünf unumstößlichen Dogmen der Schia glaube: die Einheit Gottes, das Prophetentum, die zwölf Imame, die Auferstehung und die Gerechtigkeit Gottes. Er nimmt also hinsichtlich der Menschenrechte eine Haltung ein, die gemeinhin nur von Vertretern säkularer Positionen eingenommen wird, denn er geht wie sie davon aus, dass der Mensch grundsätzlich auch außerreligiöse Rechte hat – und zwar, weil er ein Mensch ist. Diese naturgegebenen Rechte kann ihm niemand nehmen, und sie dürfen nicht den „kollektiven Interessen der Gesellschaft" unterworfen werden, wie von Chomeini behauptet. Er schließt sich aber darüber hinaus der Auffassung an, dass die Menschenrechte am besten in einer demokratischen Staatsform verwirklicht werden können.

## Das religiöse Motiv

Was Soruschs Argumente auch für religiös orientierte Reformer wichtig macht: Sie haben immer ein religiöses Motiv. Ihm liegt etwas an seinem Glauben, gerade deshalb hat er aus den Erfahrungen von 24 Jahren real existierendem Islamismus die Konsequenz gezogen, dass Religion und Staat getrennt werden müssen: „Freie Gesellschaften, ob religiös oder areligiös, sind göttlich – und menschlich zugleich. In totalitären Gesellschaften aber bleibt weder die Menschheit noch die Gottheit übrig."

Hinzu kommt noch etwas Entscheidendes: Nach seiner Meinung ist die Demokratie unter allen Regierungsformen auch diejenige, die am besten die Religion schützt, d. h. die Rechte Gottes. Für diese Behauptung nennt er zum einen den Schutz vor Machtmissbrauch: Er will die Religion davor schützen, durch „angebliche Gottesmänner" zu Zwecken missbraucht zu werden, die im Widerspruch zum Willen des Schöpfers stehen. Nur eine Demokratie könne den Missbrauch der Religion verhindern, da sie die Einhaltung der Menschenrechte überwache. Wenn die Menschenrechte beachtet würden, könne man auch die Religion nicht missbrauchen. Die Regierungsform der Demokratie und ein liberales Wirtschaftssystem kann zudem die primären Bedürfnisse der Menschen am besten befriedigen. Längerfristig verwirklicht sie damit am sichersten den Auftrag der Religion. Soruschs ideale Regierung ist deshalb nicht nur demokratisch, sie ist auch religiös – weil sie die Rahmenbedingungen dafür schafft, dass sich der Mensch überhaupt seinem Glauben widmen kann. Sie ist sogar weit religiöser als eine Regierung des islamischen Rechts, die nur die Bestimmungen der *scharia*, des islamischen Rechts, in der Gesellschaft durchsetzt. Deshalb hat die religiöse Regierung auch keine bestimmte, festgelegte Form, sondern nimmt mit jeder Epoche eine andere Gestalt an.

Religionsfreiheit gilt nach diesem Konzept als Voraussetzung für eine echte religiöse Gesellschaft und damit als ein Argument für die Überlegenheit der demokratischen Ordnung. Echte Religiosität könne nur in einer demokratischen Gesellschaft gedeihen, da Glaube auf Willensfreiheit basiere: Eine erzwungene Religiosität sei nicht im Sinne des Schöpfers. Auch die Propheten hätten ihren Auftrag so verstanden. „Die Propheten kamen, um mit dem Zauber ihrer Worte die Herzen der Menschen zu gewinnen, und nicht, um ihre Leiber zu beherrschen." So formulierte es Sorusch im Jahre 1996 bei einem Vortrag in London. Weil nun der Mensch grundsätzlich nicht wissen kann, was Gott wirklich von ihm erwartet, hält Sorusch es für ratsam, dass eine Regierung nicht für eine bestimmte Religion oder für eine bestimmte Deutung einer Religion Partei ergreift. Sie soll lediglich allgemeinverbindliche Rechte schützen. Alles andere wäre Anmaßung.

Ein solches Konzept will sich am letztendlichen Willen des Schöpfers orientieren. Es unterscheidet sich ganz prinzipiell vom liberalen islamischen Diskurs, der eine Argumentation der Rechtfertigung heranzieht: Liberale islamische Denker versuchen zu zeigen, wie tolerant sich der Islam in seiner Geschichte den anderen Religionen gegenüber verhalten hat. Übergriffe gegen die vom Glauben Abgefallenen werden schöngeredet, ihre Seltenheit und politische, nicht eigentlich religiöse Motivation hervorgehoben. Sorusch hingegen widmet sich der Frage, ob sich der Islam in der Geschichte tolerant gezeigt hat, überhaupt nicht. Das beliebte Argument, dass die muslimischen Herrscher den Juden in Spanien mehr Freiheiten gewährten als die christlichen Eroberer, kommt bei ihm nicht vor. Ebenso verzichtet er darauf, die höheren Steuern und das geringere Blutgeld für Nicht-Muslime zu beschönigen. Für seine Argumentation sind diese Deutungen irrelevant, weil er versucht, sein Religionsverständnis dem modernen Konzept von Menschenrechten anzupassen. Dazu interpretiert er auch einzelne Passagen des Korans, aber er betont von vornherein, dass er den betreffenden Vers so deutet, wie er ihn deutet, weil er ihn so deuten *möchte*. Dass er ihn so deuten will, begründet er mit dem Dogma von der Vernünftigkeit der Religion. Von Anfang an macht er also klar, dass er ein eindeutig formuliertes *Erkenntnisinteresse* beim Lesen und Interpretieren hat. Aber er hält dies für legitim und im Sinne der Religion.

Ein Beispiel ist seine Interpretation der Sure *La ikraha fi din*

(Es gibt keinen Zwang in der Religion). Den Vers könne man, so Sorusch, auf zweierlei Arten und Weisen auslegen: In der Bedeutung „Zwingt die Menschen nicht zur Religion“ oder „Selbst wenn ihr die Menschen gezwungen habt und sie äußerlich den Glauben angenommen haben, dann ist dies kein Glaube.“ Aus beiden Deutungen des Verses schließt er, dass die religiöse Regierung eine Umgebung schaffen müsse, in der jeder den Glauben ohne Zwang annehmen kann. Und jeder müsse seine Religion und seinen Glauben leben dürfen, ohne Sanktionen zu fürchten. So erfülle eine Regierung die Aufgabe des Schöpfers, den Glauben zu schützen, und nicht, indem sie den Bürger zwinge, dem religiösen Gesetz nicht zuwiderzuhandeln: „Glaube ist nur dann Glaube, wenn er auf Freiheit und Mut gründet. Und eine Gesellschaft ist dann religiös, wenn sie auf einem solchen Glauben gründet.“

Ganz entscheidend ist wohl der historisch-politische Kontext einer solchen Argumentation, nämlich die Erfahrung in der Islamischen Republik in Iran. Hier wenden sich immer mehr Menschen vom Islam ab, weil Misswirtschaft, Korruption und Vetternwirtschaft herrschen – und sie dafür den Islam verantwortlich machen.

Deshalb versucht Sorusch einen anderen Islam vorzustellen. Hinzu kommt natürlich, dass er sich als Hermeneutiker und Koranwissenschaftler der Interpretationsvielfalt des Korans bewusst ist. Er kennt die Vielfalt der Deutungen. Und er hat miterlebt, wie der Koran in den siebziger Jahren ideologisiert wurde und damit – wie Sorusch findet – auf eine bestimmte Lesart festgelegt wurde. Für Sorusch aber ist der Koran „mehr als eine Ideologie“, er ist „reichhaltiger als eine politische Ideologie“. Sorusch findet, dass der Koran in den letzten Jahrzehnten beschmutzt worden sei – und dass man ihn deshalb wieder auf das *tachtsche* legen sollte: Mit dem Wort *tachtsche* wird im Persischen diejenige Stelle bezeichnet, an der der Koran verwahrt wird, es muss der höchste Platz in der Wohnung sein, also ein hohes Bücherregal oder ähnliches. Der Ideologe der Islamischen Revolution, Ali Schariati, hatte in den siebziger Jahren beklagt, dass der Koran seine Relevanz für das tägliche Leben der Muslime verloren habe und vom *tachtsche* nur noch zu feierlichen Anlässen heruntergeholt werde. Er wollte, dass der Koran präsent sei im Leben der Muslime, dass er wieder zur Richtschnur werde für ihr Handeln in Politik und Gesellschaft. Mit diesem Slogan trat die islamische Bewegung Irans an, zu der einst auch Abdolkarim Sorusch gehörte. Sorusch ist inzwischen zu der Überzeugung gelangt, der Koran würde besser wieder auf das *tachtsche* zurückgelegt. Dort werde er wenigstens nicht beschmutzt. Dies zeigt pointiert, welcher Umdenkungsprozess bei vielen Befürwortern einer Islamisierung des Staates eingesetzt hat. Auf dem *tachtsche* könne der Koran wieder zu dem werden, was er in der islamischen Geschichte immer war: zu einer Inspiration für die Künste und die Wissenschaft. Und zu dem persönlichen Bindeglied zwischen dem Menschen und seinem Gott.

## Der weite Weg der Reformer

Ein anderer exponierter Theoretiker der iranischen Reformbewegung hat einen ähnlich weiten Weg zurückgelegt. Mohammad Modschtahed Schabestari war Abgeordneter im ersten Parlament nach der Revolution. Nach über zwanzig Jahren Erfahrung mit einem nicht-säkularen Staat, fordert dieser Geistliche inzwischen die Einführung der Demokratie. Er begründet die Notwendigkeit der Demokratie aus seiner Theologie. Für den iranischen Diskurs ist gerade das wichtig, denn nur so können sich die „religiösen Aufklärer“ – wie sie sich selber nennen – des Vorwurfs erwehren, verwestlicht und vom Ausland gesteuert zu sein. Schabestari argumentiert, der Koran gebe nur vor, dass die politisch-gesellschaftliche Ordnung gerecht sein soll – mehr nicht. Aus den allgemeinen ethischen Prinzipien, die er enthält, könne man keine Staatsphilosophie ableiten, wie von den herrschenden Konservativen behauptet wird. Auch dass der Prophet selbst religiöser und politischer Führer in einer Person war, ist für Schabestari kein Argument gegen die Forderung nach einer Trennung von Religion und Staat. Diese Tatsache sei zwar Teil der islamischen Heilsgeschichte, aber keine Handlungsanweisung für die Zukunft. Damit widerlegt Schabestari nicht nur islamische Fundamentalisten, sondern auch westliche Betrachter, die deren Argument übernehmen. Auch sie behaupten, der Islam schreibe die Einheit von Religion und Staat notwendig vor, und verweisen zum Beleg auf die Frühzeit des Islams.

Schabestaris wichtigstes Argument dafür, dass der Koran nur die Prinzipien der Regierungsweise, nicht aber die genaue Form vorgibt, ist der so genannte *ahd,* der aus dem siebten Jahrhundert stammt. Er handelt sich um den Regierungsauftrag des Kalifen Ali an seinen ägyptischen Statthalter Malik al-Aschtar. Ali, der religiös-autorisierte Führer, überträgt die Regierung Ägyptens ausdrücklich einem weltlichen, keinem religiösen Herrscher. Und in dem Regierungsauftrag gibt Ali seinem Statthalter zwar ethische Anweisungen, die auf dem Islam gründen, aber er fordert nicht die Etablierung eines islamischen Staatssystems. Islamisch und gottgefällig sei der neue Staat, wenn dort weder Unterdrückung noch Tyrannei herrsche. „Oh Malik, sei gerecht gegenüber Gott und dem Volk“, heißt es in dem Regierungsauftrag, „unterdrücke die Volksmassen nicht. Wer immer die Geschöpfe Gottes unterdrückt, wird sich die Feindschaft Gottes genau so zuziehen wie die Gegnerschaft jener, die er unterdrückt hat.“

Der Koran habe kein konkretes System vorgegeben und deshalb dürfen die Menschen selbst entscheiden, in welcher Ordnung sie leben wollen, so Schabestari. Sein wichtigstes Argument für die Demokratie ist ein religiöses. Nur ein Glaube, zu dem man in Freiheit findet, sei ein wahrhafter und gottgefälliger Glaube, und in der Demokratie würde das Prinzip der Freiheit am besten verwirklicht.

Schabestari vermag sich als Geistlicher unter Theologen mehr Gehör zu verschaffen als andere modernistische Denker. Das Gleiche gilt für den Geistlichen Mohsen Kadiwar, einen anderen exponierten Vertreter der „religiösen Aufklärer". Er ist der Bruder des reformorientierten Abgeordneten Dschamileh Kadiwar. Mohsen Kadiwar zieht eine radikale Schlussfolgerung in der Frage der Vereinbarkeit von Menschenrechten und dem Islam. Man könne wesentliche Vorgaben des islamischen Rechts nicht mit der Allgemeinen Erklärung der Menschenrechte vereinbaren, sagt er. Deshalb seien die islamischen Menschenrechtserklärungen vollkommen sinnlos. Aber da für den modernen Menschen ein Leben mit rationalistischen und humanistischen Prinzipien Priorität habe, müsse sich, „ein spiritueller Islam aus der verhärteten, rechtlichen Kruste des historischen Islams herauskristallisieren".

Viele scheinen sich heute mit dieser Art von Islam zu identifizieren – sogar Teile der nächsten Familie des Staatsgründers Chomeini. Auch dessen Enkelin, Zahra Eschraqi, erwartete Schirin Ebadi übrigens am Teheraner Flughafen. Mit einem Bouquet weißer Rosen im Arm beglückwünschte sie die Nobelpreisträgerin.

## Die Breitenwirkung des Diskurses

Der Diskurs um den Islam in der Moderne ist nicht nur auf einige Intellektuellenzirkel beschränkt. Die Zeitschrift *Kiyan*, in der Abdolkarim Sorusch seine Ansichten verbreitete, hatte jahrelang eine hohe Auflage und wurde vor allem von Studenten gelesen. Inzwischen ist sie allerdings verboten worden. Außerdem finden die Bücher der religiösen Aufklärer Eingang in die theologischen Hochschulen Irans. In diesen Ausbildungsstätten, die eigentlich Kaderschmieden für den Nachwuchs des Regimes sein sollten, finden inzwischen progressive Diskussionen statt. Die Studenten verfügen nicht nur über eine klassische Ausbildung in koranischen Wissenschaften, sondern auch – vor allem durch die Schriften der religiösen Aufklärer – über eine umfassende Kenntnis moderner Wissenschaften wie beispielsweise der europäischen Hermeneutik und der Textkritik. Gerüstet mit diesen Methoden debattieren die jungen Mullahs über Fragen wie Islam und Menschenrechte, Islam und Staatsverständnis und die Rolle der Frau im Islam. Diese jungen Mullahs lassen sich nicht auf die offiziell propagierte, restriktive Deutung des Korans einschwören, sondern entwickeln alternative Lesarten.

Vertreter aufklärerischer Positionen verfügen über zunehmenden Einfluss in der aktuellen Tagespolitik. Der Soziologe Akbar Gandschi, ein Schüler Soruschs, hat sich beispielsweise in den letzten beiden Jahren als Enthüllungsjournalist hervorgetan und die Machenschaften hoher iranischer Konservativer aufgedeckt. Von ihm stammt der Begriff des „religiösen Faschismus“, den auch Staatspräsident Mohammad Chatami übernommen hat. Der religiöse Faschismus, der in Iran herrsche, sagt Gandschi, „akzeptiert nicht das humane Verständnis der Religion, sieht im Menschen einen Sklaven des Herrschers, trennt zwischen Religion und Vernunft und ist aggressiv, fanatisch und bigott“.

Es ist nicht ungefährlich, in der Islamischen Republik solche Worte auszusprechen. Gandschi ist seit April 2000 in Haft, die Vorlesungen Soruschs wurden schon mehrfach von Schlägertrupps gestürmt, er selber mit dem Tode bedroht. Mohsen Kadiwar hat eine achtzehnmonatige Haftstrafe hinter sich. Dies hat ihn zum Helden der iranischen Studenten gemacht. Wo immer der Geistliche öffentlich auftritt, und sei es als Zuhörer einer Diskussionsrunde, setzt tosender Applaus ein, sobald er den Raum betritt.

Die Namen und Ideen der Reformer sind der Bevölkerung – vor allem den Jugendlichen – also durchaus ein Begriff. Kein Wunder, denn die religiösen Aufklärer finden bei Vorträgen und Predigten deutliche Worte: „Man kann Menschen nicht zwingen, eine Religion zu akzeptieren", sagte beispielsweise Abdollah Nuri, ein anderer Reformer, vor Tausenden begeisterter Studenten in der Universität von Teheran. „Wenn man sie zwingt, ist es keine Religion mehr." Tausende waren auch zugegen, als er in Ghom, dem theologischen Zentrum Irans, den Pluralismus in der Religion und in der Politik forderte und Europa als Vorbild für die Islamische Republik bezeichnete. „Die Geistlichkeit im europäischen Mittelalter hat alles getan, um die Meinungsfreiheit einzuschränken, aber heute sind es die europäischen Demokratien, die die islamischen Traditionen des Pluralismus und der Demokratie fortführen."

## Vorbild für die arabische Welt?

Die iranische Debatte wird auf persisch geführt. Das erschwert Arabern den Zugang – umgekehrt ist es leichter, weil die meisten iranischen Intellektuellen, die sich mit dem Islam beschäftigen, des Arabischen mächtig sind. Außerdem sind die Argumente der iranischen, schiitischen „religiösen Aufklärer" oft nicht auf einen sunnitischen Kontext übertragbar. Dieser kennt keine Institution wie den Obersten Rechtsgelehrten und man wartet auch nicht auf die Wiederkehr des zwölften Imams. Dennoch findet die iranische Diskussion um Islam und Moderne auch Gehör in der restlichen islamischen Welt. Seit der Revolution von 1978/79 sind die Augen der islamischen Welt auf Iran gerichtet. Die Bücher einiger Reformer wurden ins Arabische übersetzt, die Intellektuellen treffen sich auf Konferenzen, tauschen sich aus. Fraglich ist natürlich, ob diese Diskussionen um Islam und Moderne in der restlichen arabischen Welt breite Bevölkerungsschichten erreichen. In der Islamischen Republik Iran hat jeder eigene Erfahrungen mit dem Islamismus. Das Problem, Islam und Moderne versöhnen zu müssen, stellt sich hier viel dringender. Aber auf jeden Fall zeigt die iranische Debatte – und hier wird am lebhaftesten gestritten –, dass es sehr viele verschiedene Ansätze gibt, den Islam modern zu interpretieren. Der Islam muss nicht unvereinbar sein mit der Moderne. Wenn von Muslimen (und auch von Islamkritikern) reflexartig vorgebracht wird, „das schreibt der Koran aber doch so vor", ist es hilfreich, die iranische Debatte zu betrachten: Wenn selbst im angeblich so fundamentalistischen Gottesstaat moderne Islaminterpretationen entstehen, warum dann nicht auch unter den Muslimen in Europa? Die iranische Debatte ist ein Anhaltspunkt dafür, was dem Islam alles zugemutet werden kann. Auch dies könnte zu der Entscheidung des Nobelpreiskomitees beigetragen haben, einer Iranerin den Nobelpreis zu verleihen.

# Die Presse als treibende Kraft

## Medienideologie und Mullahvision

Die Presse, das sei der Bereich gewesen, wo sich etwas geändert habe seit dem Amtsantritt Mohammad Chatamis im August 1997, sagt Schirin Ebadi. Aber ihre Bilanz klingt nicht überwältigend: „In Sachen Menschenrechte haben die Reformer versucht, eine freie Presse zu ermöglichen und die Meinungsfreiheit zu verbessern. Leider konnten sie bislang nicht viel erreichen.“ Das klingt schon fast euphemistisch angesichts der Ereignisse der letzten Jahre. Richtig ist jedoch, dass die iranische Presse eine besonders wichtige Rolle im Reformprozess gespielt hat und spielt. Mit dem Regierungsantritt Chatamis hat sich die Medienlandschaft Irans grundlegend verändert.

In einer Demokratie haben die Massenmedien drei Funktionen: Presse, Hörfunk und Fernsehen sollen dafür sorgen, dass die Bürger die wirtschaftlichen, sozialen und politischen Zusammenhänge begreifen, die demokratische Verfassungsordnung verstehen, ihre Interessenlage erkennen und über die Absichten aller am politischen Prozess Beteiligten so unterrichtet sind, dass sie selbst daran aktiv teilnehmen können – als Wähler, als Mitglied einer Partei, eines Vereins, eines Verbandes oder einer Bürgerinitiative. Es besteht also – unabhängig davon, ob er in der Realität immer eingelöst ist – der Anspruch an die Medien, dass sie „vollständig“, „objektiv“ und „verständlich“ unterrichten.

Dieser Anspruch entspricht nicht ganz dem, den Staatsgründer Chomeini einst für die Medien Irans als Ziel formuliert hatte: An Journalisten der Zeitung *Keyhan* gewandt sagte er kurz nach der Gründung der Islamischen Republik: „Eure große Pflicht heute ist der Stift in eurer Hand. Wenn euch der Stift entgleitet,

entgleitet uns die Nation. Eure Veröffentlichungen müssen mit der islamischen Ideologie auf einer Linie liegen, und sie müssen für die Menschen nützlich sein als islamisches Lehrmaterial. Eure Zeitungen müssen eine Lehranstalt sein und sollten jene zufrieden stellen, die an Gott glauben. Passt auf! Ein islamisches Land muss eine islamische Presse haben."

Laut Chomeini soll die Presse also nicht über die Politik informieren und die Regierung kontrollieren, sondern eine Ideologie verbreiten und das Volk im Sinne dieser Ideologie erziehen. Laut Artikel 24 der Verfassung ist die Verbreitung von Material, das sich gegen den Islam und die Revolution richtet, nicht gestattet. Was sich gegen den Islam und die Revolution richtet, ist allerdings eine Sache der Auslegung, und ausgelegt wird dieser Punkt meist sehr restriktiv. Als islamfeindlich gilt z. B. die Kritik an der *velayat-e faqih*, der „Herrschaft des Obersten Rechtsgelehrten". Auf der Grundlage dieser Theorie, die zwar Grundlage des iranischen Herrschaftssystems, aber innerhalb des schiitischen Islams keineswegs unangefochten ist, sind in den letzten Jahren zahlreiche Intellektuelle hinter Gitter gebracht worden. Artikel 175 der Verfassung betont außerdem die erzieherische Bedeutung der Medien in Bezug auf die islamische Führung, vor allem die *velayat-e faqih*.

Dabei hatte die unabhängige Presse kurz nach der Revolution eine Blüte erlebt. Die hochpolitisierte Bevölkerung verlangte nach einer vielfältigen und kritischen Presse. Zuerst wurden dann die Zeitungen und Zeitschriften verboten, die einer bestimmten politischen Gruppierung nahe standen. Im Juli 1981 wurden *Mizan*, *Dschebhe-ye Melli*, und *Dschomhuri-ye Eslami*, die Zeitungen der liberal-religiösen Freiheitsbewegung *(Nehzat-e azadi)* und der Nationalen Front *(Dschebhe-ye Melli)*, sowie die Zeitung von Bani-Sadr, des ersten Präsidenten der Islamischen Republik Iran, der heute im Pariser Exil lebt, verboten. Damit hörte die oppositionelle Presse auf zu existieren. Von den 444 Zeitungen und Zeitschriften, die zu Beginn der Islamischen Republik auf dem Markt waren, blieb wenige Jahre später nur noch die Hälfte übrig. Allein 1981 verloren 175 Zeitungen ihre Lizenz. Im März 1988 belief sich die Gesamtzahl von Zeitungen und Zeitschriften, die in Iran erschienen, auf 121. Sie alle waren loyal gegenüber der Regierung. Der Triumph über die Oppositionspresse, die „vom Ausland kontrollierte Presse", wurde mit folgenden Worten vom Kulturministerium, dem so genannten „Ministerium für Kultur und islamische Rechtleitung", kommentiert: „Zu Beginn der Revolution war der islamische Staat mit Hunderten von Presseorganen konfrontiert. Unter ihnen war die islamische Presse nicht repräsentiert. Aber die islamische Bewegung schlug die illegale Presse. Von jenem Lager droht nun der islamischen herrschenden Ordnung keine Gefahr mehr."

Bis zum Jahre 1997 gab es kaum unabhängige Zeitungen, sie alle gehörten einem bestimmten politischen Lager an. Ayatollah Chamenei ernennt den Chefredakteur der Zeitung *Keyhan* und war bis Ende der neunziger Jahre selber der Lizenzhalter von *Resalat* und *Dschomhuri-ye Eslami.* Die Meinung, die in diesen Zeitungen vertreten wird, nicht immer einheitlich; sie stellen durchaus konkurrierende, allerdings immer konservative Ansichten vor. Die Zeitung *Ettelaat* ist hingegen pragmatischer und offener. Die Tageszeitung *Hamschahri,* die der Stadtverwaltung von Teheran untersteht, vertritt eine reformorientierte und verhältnismäßig liberale Richtung. Die Zeitung *Salam,* die im Sommer 1999 verboten wurde, galt als Hauspostille der Linksislamisten und war bis zur Amtsübernahme von Chatami – neben der deutlich vorsichtigeren *Hamschahri* – die einzig ernst zu nehmende oppositionelle Zeitung. Hinzu kamen einige kleinere Zeitungen in Privatbesitz. Zwar schwanken ihre ideologischen Ausrichtungen von moderat über sozial-radikal bis konservativ, als kritisch und unabhängig konnten oder können sie jedoch kaum bezeichnet werden.

Die Fernseh- und Rundfunkanstalt der Islamischen Republik ist bis heute fest in der Hand der Konservativen. Sie hat die Aufgabe, die ideologische Botschaft des herrschenden Islams zu verbreiten. Der Volksmund bezeichnet das Fernsehen deshalb gerne als „Mullahvision". Der Chef des Fernsehens wird direkt vom Revolutionsführer ernannt. Wegen der großen Rolle, die das Fernsehen im alltäglichen Leben spielt, ist diese Ernennungsbefugnis Chameneis überaus wichtig. Denn obgleich sich Iraner ständig über das einseitige und vor allem langweilige Fernsehprogramm beschweren, läuft der Fernseher in iranischen Wohnungen fast permanent; hier gibt es also große Möglichkeiten der Beeinflussung. Wie parteiisch das Fernsehen ist, wurde vor allem im Präsidentschaftswahlkampf des Jahres 1997 deutlich. Nur Nateq-Nuri, dem von Revolutionsführer Chamenei bevorzugten Kandidaten, wurde Sendezeit eingeräumt, nicht aber Chatami. Viele Sendungen sollen zudem die Ideologie der Konservativen verbreiten und die Moderaten diffamieren. Die Sendung „Identität" beispielsweise hatte zum Ziel, liberale Intellektuelle zu diskreditieren. Eine ganze Sendung lang wurde jeweils ein namhafter Andersdenkender beschimpft und vorgeführt. Ein Opfer war beispielsweise der oben vorgestellte Abdolkarim Sorusch.

Dennoch gab es auch immer Nischen in der iranischen Medienlandschaft. Zahlreiche unabhängige und kritische Zeitschriften, die eine extrem große Breitenwirkung hatten, waren auch schon vor dem Amtsantritt Chatamis auf dem Markt. So hieß es in der Zeitschrift *Middle East Watch* vor einigen Jahren: „Da man ihnen die Möglichkeit genommen hat, sich in den Zeitungen, im Radio und im Fernsehen zu Wort zu melden, äußern sich die iranischen Intellektuellen nunmehr in Zeitschriften. Sie sind ihr Medium, um Opposition und Widerspruch zu formulieren. Wo direkte politische Äußerungen verboten sind, kann ein Runder Tisch zu einem anderen Thema – Modernismus beispielsweise oder die Situation der iranischen Schriftsteller oder der Technologietransfer – zu einer Plattform für kritische politische Kommentare werden."

Anders als Bücher müssen Zeitschriften vor ihrem Erscheinen nicht der Zensurbehörde vorgelegt werden. Sie sind daher bessere Foren für Kritik oder auch nur für innovative Gedanken. Wenn den Herrschenden der Inhalt einer Zeitschrift nicht genehm ist, können sie sie allenfalls nachträglich wieder einsammeln lassen. Meist kursieren dann jedoch noch genügend Exemplare; Buchhandlungen und Kioske führen sie unter dem Ladentisch. Viele Autoren, deren Bücher nicht gedruckt werden dürfen, veröffentlichen ihre Kurzgeschichten, Essays, Gedichte und theoretischen Aufsätze daher in Zeitschriften. Die Herausgeber der Zeitschriften können allerdings für den publizierten Inhalt zur Rechenschaft gezogen werden. Es drohen der Entzug der Lizenz und andere Schikanen. Oder: Autor und Redakteur gehen zur Selbstzensur über, sie haben die Schere im Kopf. Trotzdem wird das Thema Zensur nicht totgeschwiegen. Alle Medien der Gegenöffentlichkeit beklagen die Zensur öffentlich und ergreifen für jene Kollegen Partei, die ihr gerade zum Opfer gefallen sind.

Auch Schirin Ebadi wählte den Weg über die Zeitschriften, wenn sie sich äußern wollte. Sie schrieb vor allem in *Dschamee-ye salem* und *Zanan* über rechtliche Fragen. Damit erreichte sie ein breites Publikum, denn Zeitschriften werden von Hand zu Hand weitergereicht.

Eines der bedeutendsten Foren, ja das publizistische Forum der so genannten „religiösen Aufklärer" schlechthin, war in den neunziger Jahren die Zeitschrift *Kiyan*, die im November 1991 gegründet wurde. In *Kiyan* wurden Themen wie Säkularisierung, religiöser und politischer Pluralismus und die Zivilgesellschaft angesprochen. Herausgegeben wurde *Kiyan* von religiösen Intellektuellen, die aktiv an der Revolution teilgenommen haben und nach den Erfahrungen mit der Islamischen Republik zu Anhängern eines pluralistischen Systems wurden. Sie blicken auf eine bewegte politische Vergangenheit zurück. Maschaallah Schamsolvaezin bezeichnet sich und seine Mitstreiter als „Kinder der Revolution". Diese Beschreibung gibt ihren Hintergrund am treffendsten wieder. Sie alle gehören der Schüler- und Studentengeneration der siebziger Jahre an, die sich, beeinflusst von linken islamischen Denkern wie Ali Schariati und Ayatollah Taleqani, gegen die Unterdrückung des Schah-Regimes zur Wehr setzten. Gemeinsam ist ihnen vor allem – wie Chefredakteur Reza Tehrani es ausdrückte – ihre neue, liberale Interpretation des Islams. Gemeinsam ist der *Kiyan*-Truppe auch, so Schamsolvaezin, dass sie von vielen Konservativen behandelt würden wie die ärgsten Feinde der Revolution. Ihre konservativen Gegner werfen ihnen vor, die islamischen Werte und die „Linie des Imams" zu verraten. Sie selber sehen das nicht so. Sie treten nicht für Abschaffung der Islamischen Republik ein, sondern für eine Reform des Systems. Als es schien, mit dem Amtsantritt Mohammad Chatamis werde ihnen dazu die Gelegenheit gegeben, nutzten Schamsolvaezin und Tehrani sie.

## Die Zeitung der lächelnden Frau

Mit dem Amtsantritt Mohammad Chatamis vergab sein Kulturministerium Hunderte von Lizenzen zur Gründung von Zeitschriften und Zeitungen – und zwar auch an bekannte Oppositionelle und Dissidenten. Innerhalb weniger Monate entwickelte die neue Presse eine rege Tätigkeit; kritische Geister nutzten die offene Atmosphäre und sprachen auch heiße Themen an: Sie hinterfragten die Position des allmächtigen Revolutionsführers und kritisierten die konservativen Gegenspieler Chatamis. Im Februar 1998 gründete Schamsolvaezin die Zeitung *Dschamee* (Gesellschaft), die „erste Zeitung der zivilen Gesellschaft“ – so verkündete es die Werbung auf Plakatwänden in ganz Teheran. Im Unterschied zu anderen Zeitungen, so das Editorial, fühle sich *Dschamee* dem Pluralismus und der Meinungsvielfalt verpflichtet. *Dschamee* wurde zum lebendigsten Zeichen der Öffnung Irans, aber auch zum Symbol für den Kampf der Konservativen gegen diese Öffnung. Rückblickend schreibt Chefredakteur Mortaza Mardiha: „Als Anfang 1998 die erste Nummer von *Dschamee* an den Kiosken auslag, spürten die Passanten, dass es da etwas Neues gab. Vor sechzehn Jahren hatten sich die Menschen von einer freien Presse verabschieden müssen. Seither berichteten die Zeitungen über Dinge, die mit den wirklichen Anliegen der Bevölkerung nichts zu tun hatten. Aber dieses Mal reichte ein flüchtiger Blick auf die Titelseite der neuen Zeitung, um Interesse zu wecken. Im Gegensatz zu der gleichförmigen Art offizieller Blätter, die ständig mit gigantischen Überschriften auf ihren Titelseiten über langweilige und belanglose Reden höherer Funktionäre des Landes berichteten, titelten wir: ‚Die Gesellschaft – das Lächeln des Lebens.‘ Anstelle des obligatorischen Fotos eines hochrangigen Geistlichen war ein lachendes Mädchen abgebildet.“

Mit den Bildern, Nachrichten und Berichten, die *Dschamee* brachte, rührte die Zeitung an den Tabus der Islamischen Republik. Hundertzwanzig Ausgaben konnten erscheinen, bevor die Zeitung, deren tägliche Auflage bei über dreihunderttausend Stück lag, von der Justiz verboten wurde. Aber bereits am folgenden Morgen lag eine neue Zeitung an den Kiosken aus, die exakt das gleiche Layout hatte wie *Dschamee.* Nur ihr Name war anders, sie hieß *Tus* und trug damit den Namen einer Stadt in Ost-Iran, dem

Geburtsort Ferdousis, des Verfassers der iranischen Heldensagen, des Königsbuches. Kulturminister Mohadscherani hatte den Machern von *Dschamee* sofort eine neue Lizenz erteilt. Das brachte die Konservativen nur noch mehr auf. Sie kritisierten, dass dieselben Mitarbeiter das Blatt machten und dieselbe politische reformorientierte Richtung beibehalten werde. „Das ist illegal, das Gesetz besagt, dass ein solcher Schritt unzulässig ist", sagte ein Sprecher der Konservativen im Parlament. „Der Kulturminister ist zu unwissend, um das zu begreifen." Wenn Kulturminister Mohadscherani nicht handle, würde jemand anderer es tun.

Der Kampf um die Zeitung wurde so auch zum Symbol für die Auseinandersetzungen zwischen der konservativen und der moderaten Fraktion. Chatami griff seine konservativen Gegner in ungewöhnlich scharfer Form an. Er warf ihnen vor, die Religion zu missbrauchen, um die Freiheit zu ersticken: „Nicht wir, sondern die Verfassung garantiert den Menschen die Freiheit", sagte er in einer Rede: „Anders als manche denken, stehen Religion und Freiheit in keinerlei Widerspruch zueinander." Doch die Justiz setzte durch, dass auch *Tus* ihr Erscheinen einstellen musste. Sie holte nach 43 Ausgaben erneut zu einem Schlag aus. Diesmal verbotdie Justiz nicht nur die Zeitung, sondern konfiszierte das Redaktionsgebäude mitsamt der technischen Ausstattung und verhaftete die leitenden Redakteure. Es sollte fünf Monate dauern, bis das Team von Mardiha und Schamsolvaezin eine neue Zeitung herausgeben konnte: Exakt am Jahrestag der Gründung von *Dschamee* lag ihre dritte Zeitung am Kiosk – mit demselben Bild des lachenden, dunkeläugigen Mädchens. Dieses Mal hieß die Publikation *Aftab-e ruz* (Die Sonne des Tages). Mortaza Mardiha schreibt: „Inzwischen hatte sich die Situation der Presse in Iran zum Positiven verändert. Wir waren weiterhin vorsichtig, aber trotz alledem wurde unsere Zeitung nach der 149. Nummer verboten. Die reformorientierte Presse, die mittlerweile aus einigen Dutzend Zeitungen bestand, verurteilte das Verbot einstimmig. Wir standen also nicht mehr alleine da. Die breite öffentliche Unterstützung ermöglichte es uns, bald eine andere Zeitung namens *Asr-e Azadegan* (Die Ära der Freien) herauszubringen. Wieder lächelte die mittlerweile berühmte junge Dame auf der Titelseite."

Dramatisch zuspitzen sollte sich dann der Kampf um die Presse im Herbst 1998. Revolutionsführer Chamenei schaltete sich in die Auseinandersetzung ein: In einer Rede forderte er die Justiz auf, gegen die Medien vorzugehen, „die die Pressefreiheit missbrauchen, um die Überzeugungen des Volkes zu verletzen". Die Medien würden sich als Sprachrohre des verderbten Westens betätigen, der die kulturelle Invasion anstrebe.

Die Verbote von Zeitungen und Zeitschriften nahmen in den folgenden Monaten noch zu. Außerdem wurden Zeitungsredaktionen überfallen, sogar eine Bombe detonierte, und im Sommer 1999 wurde schließlich ein restriktives Pressegesetz verabschiedet – mit dem Erfolg, dass auf jedes Verbot zwei Neuerscheinungen folgten, und die Redakteure sich auch durch Gefängnisaufenthalte nicht einschüchtern ließen. Sie waren noch beharrlicher als ihre Widersacher. Von Schamsolvaezin gibt es ein Foto, das ihn zeigt, wie er bei seiner Verhaftung den Beamten hilft, ihren liegengebliebenen Wagen anzuschieben. Seine Verhaftung soll er mit folgenden Worten kommentiert haben: „Sie hätten sich doch nicht selbst zu bemühen brauchen, ein Anruf hätte genügt. Dann wäre ich selbst gekommen. Wir haben mit der Vorladung gerechnet."

Es ergab sich ein immer wiederkehrender Ablauf: das liberale Kulturministerium vergab neue Lizenzen, die konservative Justiz ließ die Zeitungen verbieten. Das Verbot von *Salam,* einer weiteren Zeitung, sollte dann schließlich im Juli 1999 zu den größten Unruhen seit der Revolution von 1978/79 führen.

## Die Bedeutung der Presse

Dass sich die größten Demonstrationen seit der Revolution an dem Verbot einer Zeitung entzündeten, ist exemplarisch. Denn die Presse spielt in diesem Land eine außergewöhnliche Rolle. In den Jahren zwischen 1998 und 2000 waren die Iraner wieder ein Volk von Zeitungslesern geworden. Anderthalb Jahrzehnte hatte die Bevölkerung bis dahin die persischen Dienste ausländischer Sender gehört, wenn sie sich über das Weltgeschehen informieren, aber auch wenn sie etwas über die Ereignisse in ihrem eigenen Land erfahren wollte.

*The Voice of America, BBC* und *Radio Israel* erfreuten sich großer Beliebtheit in Iran, denn den einheimischen Sendern und Zeitungen glaubte man nicht. Sogar die Ansprachen Chatamis, des formal zweiten Mannes im Staate, werden im konservativ beherrschten Fernsehen und Radio bis heute nur zensiert gesendet. Aber seit es in der Zeitungslandschaft zur Wende kam, kaufen selbst diejenigen zwei bis drei Gazetten pro Tag, die jahrelang keine Zeitung mehr in die Hand genommen hatten. In den Städten sind in der Zeit zwischen 1998 und 2000 – so kann man behaupten, auch wenn es keine statistischen Erhebungen dazu gibt – große Teile aller Bevölkerungsschichten zu regelmäßigen Zeitungslesern geworden, und zwar von mehreren Zeitungen täglich.

Wie wichtig die kritische Presse damals in Iran war, zeigten vor allem die Parlamentswahlen vom Februar 2000. Chefredakteur Mardiha sagt zu Recht, seine Zeitung und die Zeitung *Sobh-e emruz* hätten entscheidenden Anteil am Sieg der Reformkräfte gehabt. Aus folgendem Grund: Es gibt in Iran immer noch keine Parteien im westlichen Sinne, sondern nur lockere Gruppierungen. Zudem sind nach iranischem Wahlrecht die Kandidaten nicht nach Parteien oder Gruppierungen auf dem Wahlzettel geordnet, sondern jeder Wähler schreibt selber für die Zahl der Stimmen, die er zu vergeben hat, Kandidaten auf einen Stimmzettel. Die Bürger Teherans beispielsweise durften dreißig Namen auf ihren Zetteln vermerken, die von Isfahan vier. In Teheran stellten sich über achthundert Kandidaten zur Wahl. Da der Wahlkampf nur eine Woche dauerte und weil – aus Sauberkeitsgründen – nur an sehr wenigen, von der Stadtverwaltung vorgegebenen Stellwänden plakatiert werden durfte und im Fernsehen nur den Kandidaten der Konservativen Sendezeit eingeräumt wurde, hätte die Bevölkerung kaum eine Chance gehabt, die Reformer unter den Kandidaten auszusortieren. Diese Aufgabe übernahmen die Zeitungen für sie. Es wurde ausführlich über die politische Orientierung der Kandidaten berichtet, und – was wichtiger ist – es wurde von der Zeitung *Sobh-e emruz* eine taktische Wahlliste zusammengestellt. Die Zeitung schlug vor, genau die dort aufgelisteten dreißig Reformer zu wählen, weil sie nach Umfragen die besten Chancen hätten. Die Taktik des Blattes ging auf: Am Wahltag standen viele Wähler mit der *Sobh-e emruz*-Liste in den Wahllokalen und schrieben sie getreulich ab. So wurden die meisten der von *Sobh-e emruz* vorgeschlagenen Kandidaten ins neue Parlament gewählt.

Und auch einen weiteren großen Misserfolg haben die Konservativen der Presse, speziell der Zeitung *Sobh-e emruz*, und Akbar Gandschi zu verdanken. Die Konservativen hatten den ehemaligen Präsidenten Rafsandschani zur Kandidatur überredet. Sie meinten, er sei der einzige, der ein von Reformern dominiertes Parlament im Zaum halten könnte. Und obwohl Rafsandschani in der Bevölkerung für die schlechte wirtschaftliche Lage verantwortlich gemacht wird, hatte er gute Chancen, einen Sitz zu gewinnen und sogar zum Parlamentspräsidenten gewählt zu werden – bis Gandschi begann, über ihn zu schreiben. In einem Artikel, der großes Aufsehen erregte, resümierte er die politische Laufbahn des vormaligen Staatspräsidenten und kam zu einem vernichtenden Urteil. So gut könne die Amtsführung Rafsandschanis wohl nicht gewesen sein, sagte Gandschi, da doch das ganze Land am Ende seiner Präsidentschaft einen grundlegenden Politikwechsel verlangt habe. Dass Gandschi zudem forderte, man solle Rafsandschani für die insgesamt achtzig Morde an Dissidenten und Schriftstellern zur Rechenschaft ziehen, die der Geheimdienst während seiner Präsidentschaft begangen habe, das hatte in Iran bislang noch niemand zu schreiben gewagt. Gandschi schaffte es durch seine Kampagne, dass Rafsandschani, von dem alle dachten, er würde auf Platz eins in Teheran landen, nur den dreißigsten, den letzten Platz, gewann. Auch diesen Platz soll er nur durch Betrug bekommen haben.

Die Reaktion der Konservativen ließ nicht auf sich warten. Said Hadscharian, der Herausgeber von *Sobh-e emruz*, wurde bei einem Attentat lebensgefährlich verletzt, für das offensichtlich der Geheimdienst verantwortlich ist. Akbar Gandschi sitzt immer noch im Gefängnis, Schamsolvaezin immer mal wieder. Die Konservativen lasteten ihre Niederlage jetzt der Presse an. Was folgte, war ein Kahlschlag in der Medienlandschaft.

Ende April 2000 spitzte sich der Konflikt zu: Am 5. Mai stand die Nachwahl zum Parlament bevor, es waren noch über sechzig Plätze zu vergeben. Vielleicht dachten die Konservativen, sie könnten ein neuerliches Fiasko vermeiden, als sie sechzehn Zeitungen verbieten ließen. Revolutionsführer Chamenei hatte sie als „Basen des Feindes" bezeichnet. Es folgte in den kommenden Monaten ein Kahlschlag in der Presselandschaft, zahlreiche Journalisten wurden verhaftet. „Reporter ohne Grenzen" bezeichnet Iran bis heute als das größte Journalistengefängnis der Welt.

Eines jedoch hatten die Konservativen richtig erkannt: Die Presse ist die treibende Kraft der Reformbewegung, und damit die größte Gefahr für die Konservativen – mehr noch als ein von Reformern dominiertes Parlament. Denn das Parlament ist kontrollierbar, da ihm der Wächterrat übergeordnet ist, der alle

Gesetzesvorlagen stoppen kann. Das Verbot der Zeitungen diene daher dem Zweck, so Mortaza Mardiha, „die Menschen zu entmutigen, denn das lebendige Zeichen für Veränderung ist diese Presse". Daher auch der folgende Kommentar zum Verbot der Zeitschrift *Kiyan* im Januar 2001. In einem Editorial der Zeitung *Asr-e ma* hieß es: „Die Schließung von *Kiyan* zielt darauf, die Slogans Chatamis von der Freiheit der Meinung zu torpedieren."

In Iran übernehmen die Zeitungen de facto die Funktion einer außerparlamentarischen Opposition. Ihrem Selbstverständnis nach ziehen diese Journalisten eine teilnehmende, politische Rolle einer neutralen vor. Kritik und Kontrolle, politische Ambitionen und der Anspruch, für andere Partei zu ergreifen, sind ihnen wichtiger als eine bloße Informationsfunktion. Dass auch die Bevölkerung hauptsächlich diese Erwartung an die kritische Presse stellt, zeigt folgendes Beispiel. Als Gandschi im Vorfeld der Parlamentswahlen dabei war, Rafsandschani zu demontieren, druckte die Zeitung *Dschamee*, damals hieß sie gerade *Asr-e Azadegan*, ein Interview mit Rafsandschani ab. Sofort sank die Auflage der Zeitung, die Leute in Teheran waren entsetzt darüber, dass dieses Blatt Rafsandschani, der persona non grata in oppositionellen Kreisen, ein Forum gegeben hatte.

## Die ehemaligen Islamisten

Wie sehr sich Iran wandelt, sieht man vor allem an der politischen Biographie der Zeitungsleute. Der Chefredakteur der Zeitung *Salam*, deren Verbot die Studenten im Sommer 1999 auf die Straßen trieb, war im November 1979 einer der Anführer der Besetzung der Amerikanischen Botschaft. Im vergangenen Jahr traf er sich mit einer ehemaligen Geisel in Paris und reichte ihr vor laufender Kamera die Hand zur Versöhnung. Wenn Abbas Abdi heute das

System kritisiert, heißt das nicht, dass er die Islamische Republik abschaffen will. Er will die heutige Republik reformieren, weil sie nicht dem Ideal entspricht, für das er vor zwanzig Jahren auf die Barrikaden gegangen ist. „Freiheit und Unabhängigkeit" lautete die Parole damals.

Auch die Blattmacher von *Sobh-e emruz* entsprechen dem Typus des heutigen iranischen Reformers. Herausgeber Hadscharian war früher Mitglied des Geheimdienstes, doch die Erfahrung mit einem theokratischen System hat aus dem Verfechter der Einheit von Religion und Staat einen Säkularisten werden lassen. Sein Chefredakteur, Reza Tehrani, der ehemalige Chefredakteur von *Kiyan*, kann auf eine ebenso bewegte Vergangenheit zurückblicken. Ähnliches gilt für das Vorleben von Gandschi. Gandschi war einst der Leibwächter von Ayatollah Chomeini, bevor er sich zu einem der profiliertesten *Kiyan*-Autoren und zu einem der wichtigsten Köpfe der Reformbewegung mauserte.

Wenn die westlichen Kommentatoren allenthalben die Veränderung der Islamischen Republik konstatieren, sollten sie das vor allem mit den Veränderungen in der Presselandschaft und dem neuen ausgeprägten politischen Bewusstsein der Bevölkerung belegen. Die iranischen Zeitungsleute und ihre Leser sind es in erster Linie, die den gesellschaftlichen Wandel vorantreiben.

Seit die überwiegende Zahl von reformorientierten Zeitungen am Erscheinen gehindert bzw. verboten wurde, haben sich viele Journalisten auf das Internet verlegt. Aber auch dort veröffentlichte Beiträge werden strafrechtlich verfolgt. Der spektakulärste Fall war der des bekannten Journalisten Mohsen Sazegara, der im Juni 2003 wegen eines Artikels verhaftet wurde, in dem er grundlegende Veränderungen im System gefordert hatte. Er wurde vor Gericht von Schirin Ebadi vertreten und kam schließlich nach einem wochenlangen Hungerstreik im Oktober 2003 frei – kurz bevor bekannt wurde, dass seine Anwältin mit dem Friedensnobelpreis ausgezeichnet werden würde.

Trotz der zahllosen Verbote ist die iranische Presselandschaft heute noch weit vielfältiger und freier als vor dem Amtsantritt Mohammad Chatamis. Es gibt sie immer noch die reformorientierte Presse, und nicht nur im Internet. Zwar sind die ganz besonders kritischen Zeitungen auf das elektronische Netz umgestiegen, doch auch die Printmedien der Reformer sind den Zeitungen der Konservativen bis heute nicht gleichgeschaltet. Während in der Zeitung *Dschomhuri-ye Eslami* nur eine winzige Meldung mit dem Titel „Westen gibt Ebadi Friedenspreis" zu lesen war, brachte die größte Reformzeitung, *Jas-e nou*, auf der Titelseite das Foto einer strahlenden Schirin Ebadi. Eingerahmt war das Foto von Glückwunschadressen iranischer Reformpolitiker. Die Zeitung hatte sogar den Mut, Ebadis Forderung nach der Freilassung aller politischen Gefangenen zu zitieren. Ein anderes Blatt, die Reformzeitung *Scharq*, widmete Ebadi und ihrem Engagement für Menschenrechte gleich mehrere Seiten. Diesen noch immer nicht gleichgeschalteten Zeitungen sowie den persischen Diensten der ausländischen Radio- und Fernsehstationen war es zu verdanken, dass die iranische Bevölkerung erfuhr, wer überhaupt Schirin Ebadi ist. Inzwischen nennen sie sie „unsere Heldin" und Irans First Lady. Wo immer sie öffentlich auftritt, bereitet man ihr einen Empfang wie einer Königin.

# Unsere Heldin Schirin

## „Wartet nicht auf eine Heldin!"

Welche der Reaktionen ihrer Umwelt auf die Bekanntgabe ihrer Auszeichnung sie am meisten berührt habe, wurde Schirin Ebadi gefragt. „Die freudige Reaktion vieler Iraner", antwortete sie.

„Unsere Heldin Schirin" – so ist ein Weblog, eine Art schwarzes Brett im Internet überschrieben, in dem zahlreiche Studenten im Oktober 2003 ihre Kommentare zusammentrugen. Sie haben nicht vergessen, dass Ebadi sich besonders für die Belange von Studenten eingesetzt hat. Viele von ihnen haben geweint, das liest man immer wieder. Sie können auch erklären, warum: Weil sie den Kampf, den diese Frau zusammen mit vielen anderen führt, als nationalen Kampf betrachten. Die Studenten, die sich mehr als alle anderen in der Islamischen Republik um ihre Zukunft betrogen fühlen, haben in ihrer preisgekrönten Anwältin ein neues Symbol gefunden. Schirin – auf persisch auch „süß" – wurde sogar zum politischen Modeschlager: Ein T-Shirt mit der Aufschrift *Schirin Schirin ast* (Schirin ist süß) ist inzwischen der Verkaufsschlager in Teherans Straßen – neben einem T-Shirt mit einem Bild des britischen Fußballers David Beckham.

Ebadi hatte viele Studenten vertreten, die angeklagt worden waren, weil sie demonstriert hatten. Aber sie findet nicht, dass Demonstrationen der richtige Weg sind, um Reformen zu erzwingen. Ihrer Meinung nach führt der richtige Weg, Reformen voranzubringen, über das Parlament. Ob sich dieser Weg denn nicht als Sackgasse erwiesen habe, wurde sie in vielen Interviews gefragt: „Nein, wenn mehr und mehr Menschen etwas wollen, wird es einfacher, dieses Ziel zu erreichen." Der Hoffnung vieler Iraner, sie selber werde Demonstrationen für die Demokratie anführen, hat sie eine Absage erteilt. Und auch als Heldin will sie sich nicht sehen, die Iraner sollten nicht auf eine Heldin warten, damit sie demokratische Reformen bringt: „Helden sterben, Helden fallen oder werden letztlich besiegt, Helden begehen Verrat. Wartet nicht auf eine Heldin!“

## Der Kampf um ideologiefreie Räume

Als sie im Jahre 1979 das Wahlalter auf sechzehn Jahre herabsetzten, konnten Irans Konservative nicht ahnen, in welche Schwierigkeiten sie sich damit bringen würden. Achtzehn Jahre später, im Mai 1997, sind sechzig Prozent der Bevölkerung jünger als 18 Jahre: Das Land hat acht Millionen wahlberechtigte Jugendliche, die den Konservativen mehr und mehr Kopfschmerzen bereiten.

Mit ihren Bemühungen, die Jugend zu indoktrinieren und auf den Islam einzuschwören, haben die konservativen Erziehungsbehörden offenbar das Gegenteil bewirkt. Diese Generation ist nicht vom Widerstand gegen die Schah-Diktatur geprägt, revolutionärer Eifer hat sie nie erfasst. Ahmed Rezai ist ein Beispiel: Seine Flucht nach Amerika sorgte im Sommer 1998 für großes Aufsehen. Er ist der Sohn des ehemaligen Leiters der Revolutionsgarden, Mohsen Rezai, der wegen seiner Radikalität besonders gefürchtet war. Die Revolutionsgarden tragen wesentlich zum Erhalt des iranischen Regimes bei. Der Sohn jedoch warf nun in Interviews den Herrschenden Irans vor, das Land auszurauben und die Bevölkerung zu drangsalieren. Sich selbst nannte Ahmad Rezai „die Stimme der iranischen Jugend“, weil er ausspreche, was alle denken.

Wenn nicht einmal die konservativen Kader es schaffen, ihre eigenen Kinder auf die offizielle Linie, den Glauben an das islamische System, einzuschwören, wundert es kaum, wie wenig die

Kinder „normaler" Bürger ihn verinnerlicht haben. Mit ihrem Votum für Chatami verweigerte sich die Jugend schlicht den Anweisungen der obersten Staatskleriker. Nicht nur Ayatollah Chamenei hatte keinen Zweifel daran gelassen, dass er Chatamis Gegenkandidaten Nateq-Nuri bevorzugte. Ayatollah Chamenei hatte es gar zur religiösen Pflicht erklärt, zu wählen, wen er für dieses Amt auserkoren hatte, „den besten". Wen er meinte, war allen klar.

Die jungen Leute gaben Chatami nicht nur ihre Stimme – sie betätigten sich auch unaufgefordert als Wahlhelfer. Meine alte Tante berichtete, dass Jugendliche sie am Tag vor der Wahl überredet hätten, wählen zu gehen. Argumente wie „ich kann nicht so weit laufen, mein Rheuma", ließen sie nicht gelten, sondern erwiderten: „Mütterchen, du musst uns helfen." Der Schriftsteller Huschang Golschiri, der sich damals in Deutschland aufhielt, erzählt von der Freude seiner Tochter am Wahlabend; sie habe in den Hörer geschrien: „Papa, wir, die Jugendlichen haben gewonnen!"

## Protestwähler

Das Gleiche wiederholte sich im bei den Parlamentswahlen vom Februar 2001. „Die Jugend unseres Landes hat den Kandidaten ihre Stimmen gegeben, die ihnen grenzenlose Freiheiten versprochen haben", schäumte Ayatollah Reza Taraki. Freiheiten, das meinte er damit, die nicht im Sinne einiger konservativer Kleriker sind: die Freiheit, seine Meinung zu sagen beispielsweise. Taraki hatte bei diesen Wahlen seinen Sitz im Parlament verloren – an die Reformer. Auch sie waren von den iranischen Jugendlichen unterstützt worden.

„Wenn das der reine mohammedanische Islam ist, dann leben wir lieber ohne." So reagieren Irans Jugendliche seit Jahren auf die permanenten Gängeleien der Konservativen im Namen der Religion. Kein Händchenhalten, keine Parties, kein Alkohol. All das wird als unislamisch diffamiert. Und jeden Freitag beschimpft einer der konservativen Kleriker des Landes die Jugend dann in seiner Predigt. Verdorben seien sie alle, bis aufs Mark, sie würden unsittlich leben, die Ideale der Revolution verraten. Ayatollah Mohammad Jazdi sagt das zum Beispiel, einer der Scharfmacher der Radikalen. Die Jugendlichen seien nur darauf aus, ihre Schönheit zur Schau zu stellen, befindet er. Und Präsident Chatami unterstütze sie auch noch darin. „Die Freiheit, von der die Reformer reden, ist die Freiheit für junge Mädchen und Burschen, miteinander zu tanzen," meint Jazdi. „Und der höchste Verwalter des Landes gibt Medaillen an jene, die Heidentum und Gottlosigkeit propagieren."

Ganz grundlos sagt Jazdi das nicht. Es ist im Alltag der Islamischen Republik ein wenig freier geworden, seit Chatami im August 1997 an die Macht kam. Phasenweise zumindest. Denn wo sie können, da schlagen die Konservativen zu, verhaften beispielsweise Hunderte von Gästen einer Neujahrsfeier, weil es dort unsittlich zugegangen sein soll. Jungen und Mädchen hatten dort miteinander getanzt. Oder die Sittenwächter und Sittenwächterinnen knüpfen sich die Geschäfte vor, in denen „unsittliche Kleidung" verkauft wird, zu kurze Mäntel beispielsweise oder zu bunte Kopftücher.

Die iranische Jugend ist heute tatsächlich mit MTV vertrauter als mit Revolutionsliedern oder schiitischen Trauergesängen – wie von Jazdi beanstandet. Doch wenn sie zu ihrer Musik tanzen wollen, dann geht das nur in den eigenen vier Wänden oder im Haus der Freunde. Hier steigen dann bei jeder Gelegenheit wilde Parties. Westliche Popmusik oder auch iranische Popmusik made in USA verkaufen die Straßenhändler den Kids unter der Hand, ebenso wie die neuesten Hollywood-Streifen. Auch Alkohol kann man sich problemlos beschaffen – obwohl er in Iran verboten und in den Läden nicht zu kaufen ist. Inzwischen kann man ihn sich sogar nach Hause liefern lassen – so verbreitet ist der Handel mit dem verbotenen Gut. Noch einfacher und billiger allerdings ist es an harte Drogen zu kommen – weil die Drogenroute von Afghanistan nach Westeuropa durch Iran verläuft. Ein Schuss Heroin ist in Teheran billiger und nicht viel schwerer zu haben als ein Liter Milch. Deshalb arten Partys schnell in Exzesse aus. Was verboten ist, macht noch mehr Spaß. Hinzu kommt etwas, was sich die Konservativen auch selbst zuzuschreiben haben. Wo es kaum Freizeitmöglichkeiten gibt und jedes Beisammensitzen auf einer Parkbank zur Bestrafung führen kann, steigt der Frust. Und der Wunsch kommt auf, sich in eine Traumwelt zu flüchten. Die Teheraner Stadtverwaltung hat errechnet, dass sich auch an iranischen Schulen Drogen epidemisch ausgebreitet hätten. Fünf Tonnen Opium würden dort täglich konsumiert. Iran ist inzwischen das Land mit dem höchsten Drogenkonsum der Welt.

Es erstaunt immer wieder, welche Dinge es in Iran trotz aller Verbote gibt. In einem Dorf in der Nähe Teherans beispielsweise kann sich ein schönes Wochenende machen, wer Sex, Drogen und Alkohol sucht. Die Revolutionswächter belästigen die „kleinen Sünder nicht“, ihnen zahlen die Betreiber der „Bars“ Schmiergelder.

Aber die Jugendlichen flüchten nicht nur in eine Traumwelt aus Drogen und MTV, sondern am besten gleich ganz aus dem Land. In den letzten Jahren entstanden deshalb überall in Iran englische Sprachschulen. Wer es sich leisten kann, lernt dort Englisch und kehrt danach seiner Heimat den Rücken. 200 000 junge Leute haben allein im Jahr 2002 das Land verlassen – vor allem Akademiker. Die Zahl der Auswanderer steigt, und es würden noch viel mehr gehen, wenn sie könnten. Über die Islamische Republik wird derzeit mit den Füßen abgestimmt. Ein Beamter im Ministerium für Finanzen und Ökonomie meint zynisch: „Lasst sie doch ziehen. Dann müssen wir weniger neue Jobs schaffen." Aber der Auszug der Intelligenz macht dem Land schwer zu schaffen.

„Ich will einfach nur leben wie alle anderen jungen Leute auch auf der Welt: Ich will Arbeit und ein wenig Spaß." So erklärt Piruz, ein Student, warum er unzufrieden ist mit der Islamischen Republik. Seine Freundin geht ins Detail: „Ich will nicht andauernd gefragt werden, ob ich mit dem Mann, mit dem ich durch den Park spaziere, auch verheiratet bin." Diese kleinen Dinge lassen den Unmut der Jugendlichen wachsen. Junge Leute haben kaum Gelegenheit, einander kennen zu lernen. Wenn einem Jungen ein Mädchen gefällt, steckt er ihr im Vorbeigehen seine Telefonnummer zu oder hält einen Zettel an die Taxischeibe. Hat er Glück, ruft sie an. Das ist wohl überall auf der Welt so. In Iran aber muss er noch etwas mehr Glück haben. Beim ersten Treffen oder auch beim zweiten, dritten, zehnten darf ihnen kein Sittenwächter über den Weg laufen. Können sie dann nicht nachweisen, verheiratet zu sein, droht ihnen eine unangenehme Prozedur. Sie werden stundenlang darüber aufgeklärt, wie schrecklich unmoralisch ihr Verhalten aus islamischer Sicht ist. Dann werden die Eltern benachrichtigt und müssen sie abholen.

Seit Chatami an der Macht ist, haben sich diese Dinge sehr gebessert. Die „Sitte" kontrolliert weniger; in den Cafés halten die Pärchen inzwischen offen Händchen, schwarze, dicke Strümpfe müssen nicht mehr getragen werden, und statt des Mantels reicht eine längere Bluse. Aber trotzdem. Keiner will noch länger Versteck spielen. In Iran existieren zwei Welten: eine, die verboten ist, und eine andere, offizielle. „Jeder entwickelt bei uns im Laufe der Zeit eine gespaltene Persönlichkeit", sagt die Schriftstellerin Moniru Ravanipur, „die Jungen tun, was sie wollen, und streiten es dann ab. So werden sie zu Heuchlern, um zu überleben." Doch dann wird sie nachdenklich: „Das Leben eines doppelten

Charakters hat seine Grenzen. Irgendwann kommt der Augenblick, wo man das verlogene Spiel nicht mehr ertragen kann."

## Nichts wie weg!

Die Jugendlichen flüchten aber nicht nur vor der politischen Unfreiheit und der alltäglichen Gängelei. Auch die wirtschaftliche Situation ist verheerend. 750 000 junge Leute drängen jährlich auf den iranischen Arbeitsmarkt. An den iranischen Universitäten sind mittlerweile über eine Million Studenten immatrikuliert. Nur ein Bruchteil von ihnen wird jemals eine Chance haben, einen Arbeitsplatz zu finden.

Selbst wer Arbeit hat, kann es sich heutzutage nur leisten, zu heiraten, wenn ihm die Eltern eine Starthilfe geben. Da außereheliche Beziehungen unter strengsten Strafen verboten sind, wächst auch der sexuelle Frust – auch wenn die Verbote häufig umgangen werden. Geschichten wie die Alis sind typisch: Er hat sein Studium mit dem Ingenieurdiplom abgeschlossen. Inzwischen kann der 32-Jährige auf gut fünf Jahre Arbeitserfahrung zurückblicken. Doch obwohl er mit knapp 300 Euro nicht schlecht verdient, konnte er nur heiraten, weil ihm seine Eltern unter die Arme gegriffen und eine Wohnung für das junge Paar gekauft haben. Ohne diese Hilfe wäre sein gesamtes Einkommen in die Miete geflossen.

Arbeitet in einer Kleinfamilie nur der Mann, kann er sich und seine Frau kaum ernähren, geschweige denn Kinder in die Welt setzen. Meist tragen heute Frau und Mann zum Lebensunterhalt der Familie bei. Mit dem positiven Resultat, dass die Frauen immer selbstbewusster auftreten: Schließlich lebt die Familie ja auch von ihrem Geld.

Es gibt viele Gründe, warum sich die iranischen Jugendlichen von den konservativen Geistlichen entfernt haben. Ein weiterer dürfte sein, dass sie in den letzten Jahren ein sehr ausgeprägtes politisches Bewusstsein entwickelt haben. Sie wissen sehr gut, was Begriffe wie politische Mitbestimmung, Meinungsfreiheit oder Rechtssicherheit bedeuten – auch wenn sie nie in einem System leben durften, das diese Werte verwirklicht. „Meinungsfreiheit, wir wollen Meinungsfreiheit", skandierten die Studenten bei den Demonstrationen vom Sommer 1999. Und: Das Land gehört dem Volk, nur dem Volk. Gemeint war: nicht den Klerikern, die meinen, im Namen Gottes unsere Freiheiten einschränken zu können.

## Die Konservativen sterben aus

Zudem haben die Jugendlichen die Gewissheit, dass sie am längeren Hebel sitzen. „Im schlimmsten Falle müssen wir warten, bis die aussterben", sagen viele. Sie haben nicht ganz Unrecht: Den Konservativen gehen die Kader aus. Und selbst viele jüngere Mullahs meinen inzwischen, die Religion werde beschmutzt, wenn sie zu viel mit der Politik zu tun habe.

Mit siegesgewisser Miene und ohne Angst fordern die Jugendlichen deshalb die Konservativen immer frecher heraus. Typisch dafür ist eine Wahlkampfveranstaltung des ehemaligen Geheimdienstministers Ali Fallahian im Frühsommer 2000. Drei Jahre zuvor hatte das Berliner Kammergericht den Gegenkandidaten von Präsident Chatami schuldig gesprochen, die Morde an vier iranischen Oppositionellen in einem Berliner Restaurant in Auftrag gegeben zu haben. Diese Morde sollen nicht die einzigen sein, für die er verantwortlich ist. Bis heute ist Fallahian in Iran ein einflussreicher und somit bestimmt kein ungefährlicher Mann. Die iranischen Studenten der Teheraner Universität Amir Kabir schreckte das nicht. Ein Student nach dem anderen trat damals ans Mikrofon:

„Herr Fallahian, warum haben Sie all die Schriftsteller umbringen lassen?“

„Das war nicht ich.“

„Warum haben Sie den ehrwürdigen Politiker Forouhar töten lassen?“

„Damit habe ich nichts zu tun.“

„Wie wollen Sie Präsident sein, wenn Sie nicht ins Ausland reisen können? Sie werden doch wegen der Morde in Berlin mit internationalem Haftbefehl gesucht.“

„Das war eine israelische Verschwörung, die haben gute Leute in Deutschland.“

Es ist nicht nur das politische Bewusstsein der iranischen Jugend, das zur Hoffnung Anlass gibt, sondern auch, wie sie das Leben sehen. Auch das hat der von den konservativen Geistlichen erzwungene Rückzug ins Private gebracht: Wo das Fernsehen unattraktiv ist, fängt auch die Jugend an zu lesen. Durch die Literatur lernten sie kennen, was es im Alltag nicht gab: Vielfalt. Verschiedene Menschen sprechen mit unterschiedlichen Stimmen, haben unterschiedliche Ideen und Auffassungen. Das war das Gegenteil dessen, was ihnen die Konservativen predigten. Für die gab es nur den einen Islam. Und was dieser Islam ist, wollten sie der Jugend erklären. Zur Not mit Zwang, doch auch das verfing nicht.

Inzwischen haben die jungen Leute das Internet entdeckt, um an das heranzukommen, was ihnen die Konservativen vorenthalten: Informationen und Spaß. Internetcafés schießen im ganzen Land wie Pilze aus dem Boden. Wer an einem Flirt Chat von *yahoo* teilnimmt, ist überrascht, wie viele Jugendliche aus Iran in fließendem Englisch Kontakt suchen. Die Themenpalette der Chatrooms, in denen sich iranische Jugendliche bewegen, ist breit. Da geht es um die neueste Musik, Sex vor der Ehe, die Unvereinbarkeit von Familie und Beruf. Außerdem läuft ein Großteil der

Familienkorrespondenz inzwischen über das Internet, denn auch für Angehörige der unteren Mittelschicht ist das Internet erschwinglich, und Millionen von Iranern haben Angehörige in Europa und vor allem in den Vereinigten Staaten. Die meisten gutbürgerlichen Familien besitzen einen PC. Mit einer Karte, die den Prepaid-Karten der Mobiltelefone vergleichbar ist, wählen sie sich ein. Schätzungen zufolge haben bereits drei der 64 Millionen Iraner einen eigenen Zugang zum Internet.

Vielfach wird das Internet auch genutzt, um sich über die Weltpolitik und die iranische Innen- und Außenpolitik zu informieren. Es gibt mehrere Dutzend Internet-Adressen, auf denen alle Artikel zusammengestellt sind, die in der Welt über Iran erscheinen. Die Internet-Seite www.payvand.com beispielsweise oder www.iranmania.com. Wer wollte, konnte hier auch seine Glückwünsche an Schirin Ebadi loswerden. Die Payvand-Redaktion sammelte sie und leitete sie weiter an die Adressatin. Und unter www.iranian.com kann man mit anderen Iranern diskutieren, was sie von der Vergabe des Nobelpreises an Schirin Ebadi halten. Ein in den USA lebender Iraner schreibt, wie er am Steuer seines Wagens weinen musste, als er die Nachricht im Radio hörte. Dann aber habe er lachen müssen, als ihm ein anderer, ebenfalls am Steuer weinender Mann entgegen gekommen sei.

In den Tagen nach der Rückkehr Schirin Ebadis fanden sich auf der Web-Site der studentischen Nachrichtenagentur ISNA Bilder von ihrer Ankunft auf dem Teheraner Flughafen. Die Bilder, auf denen Studenten mit Plakaten zu sehen waren, die die Freilassung politischer Gefangener forderten, wurden von der offiziellen Presse sicher nicht gezeigt.

Neuerdings haben sich die Jugendlichen auf die so genannten Weblogs verlegt. Weblogs sind formlose Einträge auf einer privaten Web-Site, oft nur Notizen, die zusammengenommen eine Art elektronisches Logbuch ergeben. Die Blogger treten in der

Regel anonym auf und können angesichts des geringen Aufwands rasch die Adresse wechseln. Begonnen hatte es mit einem kurzen Artikel auf einer iranischen News-Site. Der Verfasser, Hossein Derachschan, ein junger Journalist, der früher in Iran für eine reformorientierte Zeitung geschrieben hatte und nach deren Schließung nach Kanada emigriert war, berichtete darin von einer Entdeckung, die er kürzlich gemacht hatte: eben das Blogging-Format und vor allem, wie sich die neueste Technologie hierzu verwenden ließe, dass man Blogs in Persisch schreibt. Zwei Monate später, im November 2001, gab es bereits 200 iranische Blogs, heute sind es mehr als 10 000. Im Herbst 2003 eröffnete in Teheran das erste Blog-Café der Welt. Manche beschreiben in den Blogs ihren Alltag, nutzen das Blogging einfach als Möglichkeit, sich frei ausdrücken zu können. Andere sind explizit bewusste politische Beobachter, die die Welt mit Insider-Informationen aus Iran versorgen wollen. Als „einen Jungen, der aus Iran berichtet" bezeichnet sich einer, den man unter www.plate.blogspot.com findet und der es sich beispielsweise zur Aufgabe gemacht hatte, Bilder und Berichte über die Studentendemonstrationen vom Sommer 2003 ins Netz zu stellen. Laut Staatsrundfunk hatten an den Demonstrationen nur eine Handvoll vom Westen gesteuerter Randalierer teilgenommen. Die Bilder von „Plate" sprachen eine andere Sprache und stellten auch dar, mit welcher Brutalität die so genannte Anti-Aufruhr-Polizei gegen die Studenten vorgegangen war. Im Oktober 2003 stellte „Plate" eine Biographie von Schirin Ebadi ins Netz. Auf der Web-Site von Hossein Derachschan wird diskutiert, ob Schirin Ebadi im Jahre 2005 für das Präsidentenamt kandidieren sollte, und Syama Sayyah schickt einen Bericht aus Teheran über Ebadis Besuch bei einer Nicht-Regierungs-Organisation von Frauen. Was sie sagt, ist deutlich wie immer: „Ich bin immer noch die Schirin, die ich auch vorher war. Ich tue meine Arbeit." Diese Arbeit, macht sie klar, besteht nicht darin, in die Politik zu gehen. Das ist keine Flucht vor der Verantwortung, und sie sagt auch, wieso: „Die Arbeit, die ich jetzt mache, ist viel politischer."

## Das neue und das alte Idol

Im Jahre 1997 haben sie ihn fast einmütig gewählt. Doch inzwischen haben sich viele Jugendliche enttäuscht von Chatami abgewendet. „Chatami, Chatami, wir lieben dich", hatten sie noch vor wenigen Jahren gerufen, wenn er sich zeigte. Seine Wahlkampfveranstaltungen vom Frühjahr 1997 glichen Popkonzerten – zumindest im Hinblick auf das Durchschnittsalter der Anwesenden. Selbst die Demonstrationen vom Juli 1999 waren noch erstaunlich regierungstreu, hielten die Studenten doch das Bild des amtierenden Präsidenten hoch. Bei den Demonstrationen vom Sommer 2003 hingegen riefen sie: „Tritt zurück Chatami!" Viele meinen, Ebadi könnte nun zum neuen Idol der Jugend werden. Wegen dieser Jugend, so meinen viele Reformer, sei gesellschaftliche Reformbewegung nicht mehr zu stoppen.

Immer wieder einmal kommt es bei besonderen Gelegenheiten zu Ausbrüchen: etwa dann, wenn der nationale Stolz so überbordet, dass es den Jugendlichen egal ist, was die Staatsmacht ihnen verordnet. So einträchtig wie bei der Ankunft Schirin Ebadis nach der Nobelpreis-Bekanntgabe hatten iranische Jugendliche in den letzten Jahren schon zweimal auf der Straße gefeiert. In beiden Fällen war Fußball der Anlass.

Chodadad Azizi, „Gabe Gottes", wie Azizis Vorname übersetzt heißt, löste 1997 in Teheran ein Beben aus, als er die iranische Nationalmannschaft mit einem grandiosen Tor in einem schon verloren geglaubten Spiel für die Weltmeisterschaft qualifizierte. Millionen Menschen strömten in Teheran am Abend dieses

29. Novembers 1997 auf die Straßen und feierten bis in die Nacht den Sieg ihrer Nationalmannschaft. Eine solch spontane Massenfeier hatte das Land seit dem Sturz des Schahs nicht mehr erlebt. Männer und Frauen fielen sich in die Arme, sangen und tanzten gemeinsam. Die politische Botschaft ihrer Freude war unverkennbar: „Wir sind das Volk."

## Interesse für den Großen Satan

Einen ähnlichen Freudentaumel löste das Spiel der iranischen Nationalmannschaft gegen die amerikanische bei der Fußball-Weltmeisterschaft im Juni 1998 aus. Auch an diesem Abend strömten Tausende auf die Straßen. Nicht, weil man dem Großen Satan – wie das offizielle Iran die Vereinigten Staaten immer nennt – eins ausgewischt hatte, sondern weil Iraner Nationalisten sind. Und weil ihre Fußballer zwar 2 : 1 gesiegt, sich aber auch als Meister im Fairplay erwiesen hatten. Vor Spielbeginn hatte man die Amerikaner mit Blumen überrascht. Nach jedem Foul kam es zu einer Verbrüderungsszene zwischen amerikanischen und iranischen Fußballspielern, am Ende tauschte man die Trikots – eine allgemein übliche Geste, aber bei einem Spiel zwischen *Großer Satan* und *Schurkenstaat*, wie man sich gegenseitig nennt, nicht unbedingt zu erwarten. Doch die Iraner wollten damit sagen: „Auch wir sind faire Spieler." So wollten sie von der Weltöffentlichkeit wahrgenommen werden, nicht als Terroristen oder als Geiselnehmer amerikanischer Diplomaten. Denn auch in der Art und Weise, wie man selber Amerika wahrnimmt, hat sich in den letzten Jahren einiges verändert in der Islamischen Republik.

Zwar stehen die USA in der islamischen Welt nach Afghanistanfeldzug und Irak-Krieg in schlechterem Ansehen als je zuvor. Aber es gibt eine Ausnahme: Iran. Sogar George W. Bushs Einschätzung, Iran sei Teil einer Achse des Bösen, findet bei manchen Zustimmung: „Stimmt doch!", hört man da oft. Die Einschätzung, dass die herrschenden Konservativen zu einer „Achse des Bösen" gehören, ist gar nicht so wenig verbreitet. Sie erfreut sich einer gewissen Zustimmung – wenn auch aus etwas anderen Gründen als denen, die der amerikanischen Einschätzung zugrunde liegen. Die iranische Bevölkerung ist inzwischen sicherlich die bei weitem amerikafreundlichste der islamischen Welt – schon um damit gegen die Haltung der konservativen Herrschenden zu opponieren. Vor allem bei jüngeren Leuten hört man wenig Amerikakritik. Im Gegenteil! Die USA üben eine enorme Anziehungskraft aus. Über Internet und Satellitenempfänger ist die amerikanische Kultur in fast jedem iranischen Wohnzimmer präsent, amerikanische Filme und Videos erfreuen sich größter Beliebtheit. Würde man auf Teherans Straßen Visa für die USA feilbieten, sie würden reißenden Absatz finden.

Trotz oder wahrscheinlich gerade wegen des verordneten Anti-Zionismus wirkt sich nicht einmal – wie in anderen Ländern der islamischen Welt – die Israel-Politik der amerikanischen Regierung negativ auf das USA-Bild der Jugend aus. Zu spontanen Demonstrationen gegen die Israelis oder zu einem Boykott amerikanischer Waren durch die Bevölkerung – wie in anderen islamischen Ländern geschehen – würde es in Iran sicher nicht kommen. Wenn, dann sind sie staatlich verordnet wie beispielsweise das neue Verbot, für amerikanische Waren zu werben. Dieses Verbot kam als Reaktion auf die steigende Umfrage nach amerikanischen Gütern und wird mit der amerikanischen Unterstützung Israels begründet. Die normale Bevölkerung interessiert sich nur wenig für das Schicksal der Palästinenser. Die Jugend sieht in ihnen nicht die muslimischen Brüder, sondern Araber. Iraner hegen aber im Allgemeinen eher Überlegenheits- als Solidaritätsgefühle gegenüber Arabern.

Der amerikafreundlichen Haltung der normalen iranischen Bevölkerung sind einige innenpolitische Wirren der jüngsten Zeit geschuldet. Im September 2002 führten mehrere iranische Meinungsforschungsinstitute im Auftrag der Regierung eine Umfrage durch: Was halten Sie von einer Wiederaufnahme der Beziehungen zu den USA? 70 Prozent der iranischen Bevölkerung befürworteten sie gemäß dieser Umfrage. Und 40 Prozent der Befragten können sogar die Politik der USA gegenüber Iran zum Teil nachvollziehen bzw. halten diese für richtig und plausibel. Die Konservativen reagierten verärgert auf diese „Enthüllungen" und ließen die Direktoren der Meinungsforschungsinstitute verhaften – unter ihnen Abbas Abdi, einen der Anführer der Besetzung der US-Botschaft nach der Revolution und inzwischen einer der prominentesten Mitglieder der Reformbewegung.

## Die Jugend und der Regimewechsel

Auch die US-Regierung setzt auf die iranische Jugend. Sie soll den *regime change,* den die USA noch im Sommer 2002 zu ihrem Politikziel erklärten, durchführen, meint beispielsweise Donald Rumsfeld. Auf die Frage, ob Iran das nächste Ziel im Kampf gegen den Terrorismus sei, sagte er im November 2002 in einem Interview, eine Intervention wäre hier wohl unnötig. Das iranische Regime würde ohnehin bald von seinem eigenen Volk gestürzt werden oder aber wegen interner Probleme kollabieren.

Dass die wirkliche Gefahr für den Bestand der Islamischen Republik vom eigenen Volk ausgehen könnte, wird inzwischen sogar in der iranischen Presse offen angesprochen. In einem Editorial bestätigte Ali Taheri, Kommentator der regierungsnahen *Iran News*, indirekt die Aussage Rumsfelds und gab dann zu bedenken, dass sich die iranische Jugend zur Zeit durchaus in einer

Identitätskrise befinde: „Das Wertesystem der Jugend ist nicht notwendig kompatibel mit dem Wertesystem der islamischen Revolution". Dieser Verdacht ist sicher alles andere als unbegründet. Auch Reformpolitiker mahnen deshalb und machen gleichzeitig die Konservativen für die negative Einstellung der Jugend zur Religion verantwortlich. Auf einem Kongress erklärte Mohammad Reza Chatami, der Bruder des Präsidenten und Führer der „Partizipationspartei des islamischen Iran", im Oktober 2003 unumwunden, die Jugend würde vor der Religion flüchten: „Ich sage es ganz deutlich, wenn die jungen Leute vor der Religion fliehen, dann liegt es an dieser gewalttätigen und diktatorischen Interpretation der Religion."

Die Konservativen zeigen sich jedoch uneinsichtig, bestreiten, dass – gelinde gesagt – eine Missstimmung zwischen Volk und Regierenden besteht. Angeblich stehen immer noch die Massen hinter ihnen. Das meint beispielsweise der konservative Parlamentsabgeordnete Haddad Adel. Im Zusammenhang mit den Studentendemonstrationen vom Sommer 2003 sagt er: „Die Islamische Republik ist stärker und machtvoller denn je, und die Menschen stehen hinter dem System, weil wir Freiheit im Iran haben. Der beste Beweis dafür ist, dass wir die Demonstrationen zugelassen haben, die Studenten sagen konnten, was sie wollten, und auch die Regierung kritisieren konnten. Und: Unsere Polizeikräfte waren sehr besonnen und haben eben nicht das Feuer eröffnet – was die Gegner unserer Revolution im Ausland gerne gesehen hätten. In welchem unserer Nachbarländer können Sie bitte solch offene Demonstrationen finden wie bei uns in Iran?"

## Zu spät für Reformen?

Den Eindruck, dass die herrschende Islaminterpretation ihnen Freiheit gibt, teilen die Jugendlichen aber offenbar nicht. Doch möglicherweise ist es für eine liberalere inzwischen zu spät. Reformtheologen wie Mohammad Modschtahed Schabestari geben sich resigniert. Jahre hätten sie darauf verwendet, eine Interpretation des Islam vorzustellen, die den Wünschen der Bevölkerung nach Demokratie und Menschenrechten entgegen gekommen wäre. Sie hätten Erfolge zu verbuchen gehabt, hätten neue Wege in der Theologie beschritten, neue Konzepte vorgestellt. Kurz: den Widerspruch zwischen Islam und Moderne und Islam und Demokratie aufgelöst. Theoretisch. Aber durch die beharrliche Weigerung der Konservativen, einer Reform zuzustimmen, hätten sich die Menschen und vor allem die Jugendlichen jetzt in der Praxis auch von den Geistlichen abgewendet, die einen Reformislam präsentierten.

Zu viele haben sich inzwischen von der Islamischen Republik losgesagt. Und deshalb suchen sie heute ihr Idol nicht mehr in einem islamischen Reformtheologen, sondern in einer Frau, die auch dafür ein Sinnbild ist, dass die iranische Gesellschaft die Reformer in der Politik bereits weit hinter sich gelassen hat.

# Die Hoffnungsträgerin

Die Geschichte des Friedensnobelpreises ist seit der ersten Verleihung an den Schweizer Henri Dunant im Jahr 1901 immer auch eine Geschichte der Hoffnungen gewesen. Dieser zweifellos weltweit angesehenste Preis zeichnet nicht nur herausragende starke Persönlichkeiten aus für das, was sie in der Vergangenheit einmal geleistet haben, und er würdigt auch nicht allein die innere Stärke von Einzelnen. Er hat als moralischer und politischer Preis immer auch eine Signalwirkung für die Öffentlichkeit gehabt und die Aufmerksamkeit auf eine bestimmte kritische Situation hin gelenkt. Bei der Auszeichnung von Schirin Ebadi war das nicht anders.

Bei ihrer Ankunft auf dem Flughafen Teheran – wenige Tage nach der Bekanntgabe des Friedensnobelpreises – wurde dies deutlich. Auch reformorientierte Abgeordnete und Vertreter der Regierung Chatami waren unter den Wartenden. Doch enttäuschte Wähler hielten den bekanntesten unter ihnen, Elahe Kulai und Abbas Ramezanzadeh, nur schweigend das Bild Schirin Ebadis entgegen. „Ihr hättet mehr für uns tun müssen in den letzten Jahren“, sollte das bedeuten.

Immerhin hatten die Reformer unter den Abgeordneten Ebadi herzlich zu dieser wohl bedeutendsten Auszeichnung gratuliert – im Gegensatz zu vielen Konservativen. Präsident Mohammad Chatami selbst hatte sich mit seinen Äußerungen zum Nobelpreis Ebadis keine Freunde unter den Anwesenden gemacht. „Schäme dich, Chatami“, skandierte die Menge. Chatami hatte die Verleihung an Ebadi zwar begrüßt, die Bedeutung des Friedensnobelpreises aber im gleichen Atemzug heruntergespielt: „Eine rein politische Entscheidung. Ein Friedensnobelpreis ist nicht viel wert, im Gegensatz zum Literatur- und Medizinnobelpreis." Als Reaktion auf den Sturm der Entrüstung, den diese Äußerung hervorgerufen hatte, sah sich sein Regierungssprecher Abbdallah Ramezanzadeh veranlasst, die Entscheidung des Nobelpreiskomitees ausdrücklich zu begrüßen. Das war möglicherweise schon zu spät. Schahla Lahidschi, die Mitstreiterin und gute Freundin Ebadis, kommentierte die Äußerung des Präsidenten mit den Worten: „Chatami hat in den letzten Monaten viele Fehler gemacht, aber das war sein schwerwiegendster."

Wie sehr die Verleihung des Preises an Ebadi die iranische Gesellschaft aufmischt, zeigt aber vor allem die Reaktion der Konservativen: Die staatliche Radio- und Fernsehanstalt, die von den Konservativen kontrolliert wird, hatte am 10. Oktober 2003 nur zögerlich berichtet. Erst Stunden nach der Bekanntgabe sah man sich zu einer kleinen Meldung in den Nachrichten veranlasst. Auch am nächsten Tag berichteten die Zeitungen der Konservativen kaum. Die fundamentalistische *Sijasat-e ruz* zog am 11. Oktober einen Bericht über die Entdeckung eines Friedhofs aus der Eisenzeit in Spanien auf die Titelseite vor. Und Ali Jussefpur, der Leiter des „Verbandes der islamischen Journalisten", schrieb in einem Kommentar: „In den letzten Jahren waren wir Zeugen, dass dieser Preis auch an Anwar Sadat und Jimmy Carter vergeben wurde. Ich bin der festen Überzeugung, dass dieser Preis nur an Personen vergeben wird, die im Interesse des Westens arbeiten oder gegen die islamischen Prinzipien. Keiner der freiheitsliebenden Führer der Welt hat bisher diesen Preis bekommen." Noch schärfer wurde Asadollah Badamtschian, Direktor der einflussreichen Organisation *Dschamijat-e Motalefe-ye Eslami*: „Wenn ein wissenschaftlicher Preis einem Menschen wegen seiner Dienste an der Menschheit zukommt, ist es lobenswert, wenn aber ein Preis einer Person dazu dienen sollte, den Interessen des Kolonialismus und der verdorbenen Welt zu dienen, ist es ein Zeichen der Schande. Es ist natürlich, dass der

Friedensnobelpreis an eine Frau vergeben wird, die sich Reformerin nennt und von Powell, Bush und den Führern der Weltarroganz unterstützt wird.“

Solche Reaktionen waren zu erwarten gewesen. Ebadi hatte ja immer für für all das gekämpft, was die Konservativen dem iranischen Volk vorenthalten wollen: für Demokratie, Menschenrechte, die Gleichberechtigung der Frau. Durch die Verleihung dieses Preises war sie in diesem Kampf der Reformer gegen die Konservativen zur Hoffnungsträgerin geworden.

Für viele, die zu Ebadis Begrüßung gekommen sind, besitzt die Tatsache, dass Ebadi ausgerechnet aus Paris kommt, großen Symbolcharakter. „Eine Boeing der Air France hat schon einmal einen Iraner zurück gebracht, der alles veränderte, Ayatollah Chomeini“, sagt eine. Ob es Ebadi gelingt, dass sich dieses Mal alles zum Guten wendet? Auf jeden Fall aber zeigt der Friedensnobelpreis all denen, die sich für Menschenrechte und Demokratie einsetzen: Ihr Kampf wird im Westen wahrgenommen. Das allein wird für viele eine große Motivation sein.

Aber geben sich Ebadi und die iranischen Reformer damit als Streiter für westlich-säkulare Aufklärung und Menschenrechte zu erkennen? Nein, so einfach ist es nicht. Ebadi ist keine Kämpferin für westliche Ideale. Sie entstammt ebenso der islamisch-iranischen Kultur wie ihre Gegner. Indem sie nicht bloß der persönlichen, inneren Überzeugung nach Muslimin ist, sondern auch in ihrem öffentlichen Engagement dezidiert islamisch argumentiert, steht sie dafür, dass Menschenrechte kein Monopol des Westens sind, wie es westliche und islamische Fundamentalisten im Gleichklang behaupten. Es steht hier nicht die vom Westen geprägte Modernistin den in ihrer Tradition verhafteten Fundamentalisten gegenüber, sondern beide Denkrichtungen gründen auf ein und derselben, vom Islam geprägten Kultur. Ebadi möchte gerade beweisen, dass diese Kultur mit der Moderne zu vereinen ist. Denn wer von der islamischen Kultur geprägt ist, hat nicht automatisch grundsätzlich etwas gegen die Menschenrechte – auch wenn dies gerade seit dem 11. September 2001 immer häufiger behauptet wird. Auch Muslime sagen gerne ihre Meinung. Auch sie empfinden Schmerzen, wenn sie gefoltert werden. Muslimen eine kulturbedingte Reserve gegenüber Menschenrechten und Demokratieunfähigkeit zu unterstellen, ist dumm und mehr als diskriminierend. Wann immer sich die Menschen in der islamischen Welt in den letzten Jahren für die Demokratie entscheiden konnten, haben sie es getan. Sie hatten allerdings nicht allzu häufig die Gelegenheit dazu. Sie leben meist in korrupten, diktatorischen Regimen, die ihnen jedwede Mitsprache verweigern, Regime freilich, die der Westen oftmals unterstützt. Bestes Beispiel ist Saudi-Arabien.

Die Menschen in der islamischen Welt glauben dem Westen wegen dieser Politik schlicht nicht, er würde für Werte wie die Menschenrechte auch wirklich einstehen. Das Bild des Westens hat im Hinblick auf Demokratie und Menschenrechtspolitik deutliche Risse bekommen: Er messe mit zweierlei Maß und sei nur an seinem eigenen Vorteil interessiert, so die verbreitete Überzeugung. Schirin Ebadi hat nicht umsonst in ihren ersten Stellungnahmen die amerikanische Politik im Irak als katastrophal gegeißelt.

Die Palette der Vorwürfe ist lang, und in ihnen sind sich Intellektuelle, das normale Volk wie auch die Regierungen der Länder ziemlich einig: Wieso beseitigte die CIA 1953 eine demokratisch gewählte Regierung in Iran? Wieso griff der Westen erst so spät im Kosovo ein? Wieso diese vollkommen einseitige Parteinahme für Israel? Wieso 1993 der Putsch in Algerien im Anschluss an demokratische Wahlen? Wieso darf Russland die Menschenrechte in Tschetschenien so eklatant verletzen, ohne dass jemand einschreitet? Wieso die westliche Unterstützung der Taliban oder Saddam Husseins im Krieg mit Iran?

Vor allem ihre Israel-Politik diskreditiert die US-Regierung nach Ansicht der meisten Menschen in der muslimischen Welt. Sie meinen, Bush jr. sei pro-israelischer als jeder Präsident vor ihm. Er habe Ariel Sharon völlig freie Hand gelassen in seinem Kampf gegen die Palästinenser, obwohl er der einzige sei, der Möglichkeiten zur Einflussnahme habe. Ein anderes Beispiel: der Krieg gegen den Irak im Frühjahr 2003. Keine der Begründungen für diesen Krieg glaubt man den kriegführenden Mächten. Wo sind die Massenvernichtungswaffen, wo die Beweise für die ohnedies vollkommen unplausible Zusammenarbeit von Osama bin Laden mit Saddam Hussein? wird gefragt. Erst habe der Westen das irakische Volk ausbluten lassen und dann bei der Etablierung einer Nachkriegsordnung versagt.

All das trägt nicht gerade dazu bei, das Vertrauen der Menschen in die westlichen Regierungen und ihre Menschenrechtsagenda zu stärken. Die Vorbehalte vieler Menschen in der islamischen Welt richten sich damit nicht gegen die Menschenrechte an sich, sondern gegen Regierungen, die hin und wieder einmal das Wort ‚Menschenrechte' im Munde führen, aber ansonsten auch bei eklatanten Menschenrechtsverletzungen gerne wegsehen oder sogar selber gegen die Menschenrechte verstoßen. Natürlich wollen die Regierungen der diktatorischen Staaten des Nahen Ostens vor allem ablenken, wenn sie sich jede Diskussion über die Menschenrechtssituation in ihren Ländern mit dem Hinweis verbieten, dem Westen gehe es doch sowieso nicht wirklich um Menschenrechte. Aber das ändert nichts daran, dass das Argument, die westlichen Regierungen würden mit doppeltem Maß messen, für sich genommen stimmt. Diese Argumente werden daher nicht nur von den Regierungen vorgebracht, sondern eben auch von Intellektuellen und Dissidenten. Von denen also, die der Westen meist für seine gleichgesinnten Verbündeten hält. Von Schirin Ebadi beispielsweise.

Mit der Verleihung des Nobelpreis an diese Frau ist eine deutliche Botschaft an die Adresse der Vereinigten Staaten verbunden: Veränderungen nicht von außen herbeizubomben, sondern die Reformbewegung innerhalb Irans zu unterstützen. Es ist kein Zufall, dass die Preisträgerin sich schon in ihrer ersten Reaktion gegen die allzu vereinfachende Sicht der USA gewandt hat, in der Iran einfach zum „Bösen" gehört.

Aber auch die Europäer sollten die Botschaft Oslos beherzigen und endlich das Thema Demokratie und Menschenrechte in den Mittelpunkt ihrer Iranpolitik stellen. Wenn der Westen nur beim Atomwaffenprogramm der Iraner Druck ausübt, wird Iran bleiben, was es jetzt ist: eine atomwaffenfreie Diktatur.

So viel steht aber bereits jetzt fest: Selten hat der Westen eine so kluge Nahost-Politik gemacht wie mit dem Friedensnobelpreis des Jahres 2003.